中国企业创新能力评价报告 2019

中国科学技术发展战略研究院
中央财经大学经济学院 著

科学技术文献出版社
SCIENTIFIC AND TECHNICAL DOCUMENTATION PRESS
·北京·

图书在版编目（CIP）数据

中国企业创新能力评价报告. 2019 / 中国科学技术发展战略研究院，中央财经大学经济学院著. —北京：科学技术文献出版社，2019.12
ISBN 978-7-5189-6385-0

Ⅰ.①中… Ⅱ.①中… ②中… Ⅲ.企业创新—研究报告—中国—2019 Ⅳ.① F273.1

中国版本图书馆 CIP 数据核字（2019）第 293478 号

中国企业创新能力评价报告2019

策划编辑：李 蕊　　责任编辑：张 红　　责任校对：张永霞　　责任出版：张志平

出 版 者	科学技术文献出版社
地　　　址	北京市复兴路15号　邮编 100038
编 务 部	（010）58882938，58882087（传真）
发 行 部	（010）58882868，58882870（传真）
邮 购 部	（010）58882873
官方网址	www.stdp.com.cn
发 行 者	科学技术文献出版社发行　全国各地新华书店经销
印 刷 者	北京时尚印佳彩色印刷有限公司
版　　　次	2019 年 12 月第 1 版　2019 年 12 月第 1 次印刷
开　　　本	889×1194　1/16
字　　　数	122千
印　　　张	7.75
书　　　号	ISBN 978-7-5189-6385-0
定　　　价	86.00元

版权所有　违法必究

购买本社图书，凡字迹不清、缺页、倒页、脱页者，本社发行部负责调换

《中国企业创新能力评价报告 2019》
编辑委员会

主　　　任：胡志坚

副 主 任：张　丽

执 笔 人：（按姓氏笔画排序）

　　　　　尹志锋　玄兆辉　刘辉锋　孙云杰

　　　　　谷潇磊　陈　钰　曹　琴　韩佳伟

前 言

创新是引领发展的第一动力,是建设现代化经济体系的战略支撑。我国经济已由高速增长阶段转向高质量发展阶段,深入实施创新驱动发展战略,以科技创新为核心带动全面创新,实现经济社会发展动力的根本转换,才能为建设世界科技强国提供强大战略支撑。实现进入创新型国家行列的战略目标,需要加快推进国家创新体系建设,建立以企业为主体、市场为导向、产学研深度融合的技术创新体系,尤其要着力增强企业创新能力,鼓励企业开展基础性、前沿性创新活动,促进产业迈向全球价值链中高端。

为了测度和反映我国企业的创新能力,发挥企业创新在转变经济发展方式、实施创新驱动发展战略中的作用,并为科技管理和决策提供参考,有必要全面监测和评价企业的创新活动和创新能力,并对中国企业创新能力在国际上所处的位置做出清晰的判断。

《中国企业创新能力评价报告》是国家创新调查制度系列报告之一,于2016年首次发布。《中国企业创新能力评价报告2019》为该报告的第3期。报告从4个维度对我国企业的创新能力进行评价。一是现状篇。基于2018年企业创新调查结果,分析了我国企业创新活动的现状和基本特征。二是历史篇。从创新投入能力、协同创新能力、知识产权能力和创新驱动能力4个维度构建企业创新能力评价指标体系,动态评价了我国企业创新能力。三是国际篇。基于国际可比数据,从创新活跃程度、创新投入与协同创新能力、知识产权能力和创新驱动能力,以及领先型创新企业几个维度,比较了中国与部分发达国家及发展中国家的企业创新能力。四是区域篇。通过构建评价区域创新能力的指标体系，横向比较了我国 31 个省（区、市）的企业创新能力。

报告采用的中国企业数据资料主要来自历年《全国企业创新调查年鉴》《中国科技统计年鉴》《工业企业科技活动统计年鉴》《中国统计年鉴》，国际比较数据主要来自经济合作与发展组织（OECD）、世界知识产权组织（WIPO）和欧洲统计局的统计数据库。

本报告的研究编写得到社会各界专家学者的支持与帮助，在此表示衷心感谢！闫琪琼、高玉茹、冯景秀、刘梦瑶、申媛参等人参与了部分章节的数据分析工作，一并表示感谢。

《中国企业创新能力评价报告 2019》
编辑委员会

现状篇

第一章 我国企业创新特征分析——基于2018年全国企业创新调查数据   *1*

一、2018年创新调查企业的基本情况   *2*

二、我国企业创新活动的基本特征   *3*

三、规模以上企业创新特征   *5*
（一）产品创新和工艺创新   *5*
（二）产品创新和工艺创新的活动类型与创新经费   *7*
（三）产品创新和工艺创新的信息来源   *8*
（四）产品创新和工艺创新的合作伙伴   *9*
（五）产品创新和工艺创新的阻碍因素   *11*
（六）知识产权保护   *12*
（七）组织创新和营销创新   *13*

四、规模以上高技术产业企业创新特征   *14*
（一）产品创新和工艺创新   *14*
（二）产品创新和工艺创新的活动类型与创新经费   *16*
（三）组织创新和营销创新   *17*

五、企业家对创新的认识   *18*
（一）企业家总体情况   *18*

（二）创新对企业的影响　　　　　　　　　　　　　19
（三）创新成功的影响因素　　　　　　　　　　　　22

历史篇

第二章　企业创新能力评价指标体系说明　　　　25

一、总体说明　　　　　　　　　　　　　　　　　　26
（一）企业创新能力界定　　　　　　　　　　　　　26
（二）构建企业创新能力评价指标体系的基本原则　　26
（三）企业创新能力评价指标体系构成　　　　　　　27

二、指标体系框架　　　　　　　　　　　　　　　　27
（一）创新投入能力　　　　　　　　　　　　　　　27
（二）协同创新能力　　　　　　　　　　　　　　　27
（三）知识产权能力　　　　　　　　　　　　　　　28
（四）创新驱动能力　　　　　　　　　　　　　　　28

三、具体指标说明　　　　　　　　　　　　　　　　30
（一）创新经费　　　　　　　　　　　　　　　　　30
（二）创新人力　　　　　　　　　　　　　　　　　30
（三）研发机构　　　　　　　　　　　　　　　　　31
（四）创新合作　　　　　　　　　　　　　　　　　31
（五）创新资源整合　　　　　　　　　　　　　　　31
（六）创新政策利用　　　　　　　　　　　　　　　32
（七）知识产权创造　　　　　　　　　　　　　　　32
（八）知识产权保护　　　　　　　　　　　　　　　33
（九）知识产权运用　　　　　　　　　　　　　　　33
（十）创新价值实现　　　　　　　　　　　　　　　34

（十一）市场影响力　34
（十二）经济社会发展　35

第三章　我国企业创新能力动态评价分析　37

一、企业创新能力指数的构建　38

二、企业创新能力总体评价　38

三、企业创新能力分项指标评价　40
（一）创新投入能力　40
（二）协同创新能力　43
（三）知识产权能力　46
（四）创新驱动能力　49

国际篇

第四章　我国企业创新能力国际比较　53

一、创新活跃程度　54
（一）总体创新活跃程度　54
（二）产品创新与工艺创新活跃程度　54
（三）组织创新与营销创新活跃程度　55

二、企业创新投入与协同创新能力　56
（一）创新投入能力　56
（二）协同创新能力　56

三、知识产权能力和创新驱动能力　57
（一）知识产权能力　57

（二）创新驱动能力	57
四、领军型创新企业国际比较	58

区域篇

第五章　我国区域企业创新能力比较分析	**63**
一、指标选择及分析方法说明	64
二、各地区企业创新能力分析	65

现状篇 第一章

我国企业创新特征分析

——基于 2018 年全国企业创新调查数据

为全面了解我国企业创新进展状况，更好地服务创新驱动发展战略，国家统计局 2018 年在全国范围内开展了第 3 次企业创新调查，调查报告期为 2017 年。与 2017 年相比，2018 年企业创新调查新增了对高技术产业（制造业）企业的调查。从调查结果看，我国企业的创新活跃度较高，近 40% 的规模以上企业有创新活动。规模以上高技术产业企业创新能力突出，对制造业具有引领作用。企业在创新过程中更多地体现为独立开发，合作创新程度有待强化。创新人才构成企业创新能力的核心智力支撑。企业家高度认同创新对企业发展的重要性。

一、2018年创新调查企业的基本情况

从被调查企业基本情况看，2018 年规模以上企业达到 74.9 万家，较 2017 年增长了 3.1%；企业年末从业人员达到 1.6 亿人，主营业务收入为 201.6 万亿元，利润总额为 11.9 万亿元，资产总计为 238.1 万亿元。

从企业的产业分布来看，2018 年与 2017 年大体一致，工业企业数量最多，占比 49.8%；其次为服务业企业，占比 44.4%；建筑业企业最少，占比 5.9%。从企业的地区分布来看，东部地区企业占比最高，达到 58.8%；其次为中部地区，为 21.1%；西部地区为 15.4%；东北地区企业占比为 4.7%（图 1-1）[①]。

---

① 东部地区包括北京、天津、河北、上海、江苏、浙江、福建、山东、广东和海南 10 个省（市）；中部地区包括山西、安徽、江西、河南、湖北和湖南 6 个省；西部地区包括内蒙古、广西、重庆、四川、贵州、云南、西藏、陕西、甘肃、青海、宁夏和新疆 12 个省（区、市）；东北地区包括辽宁、吉林和黑龙江 3 个省。

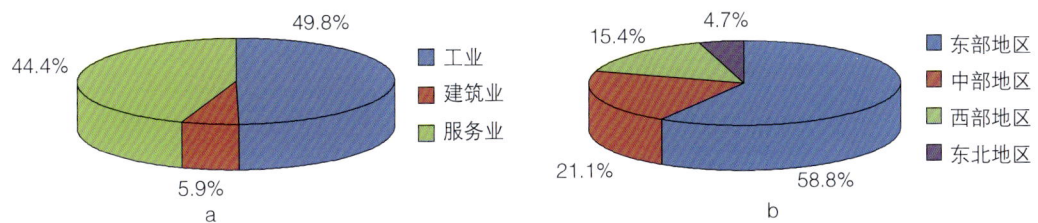

图1-1 规模以上企业数量按产业和地区分布（2017年）

2018年企业创新调查中的高技术产业企业为3.2万家，占全部规模以上调查企业的4.3%。从高技术产业企业的地区分布看，东部地区企业占比最高，达到66.0%；其次为中部地区（18.9%）和西部地区（11.8%）；东北地区企业占比为3.3%（图1-2）。高技术产业企业与规模以上企业整体的地区分布基本相同。

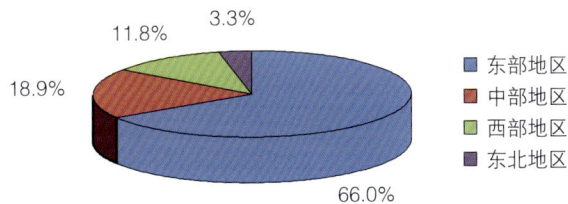

图1-2 高技术产业企业数量按地区分布（2017年）

二、我国企业创新活动的基本特征

2017年，开展创新活动的规模以上企业为29.8万家，占全部企业的39.8%。其中，实现创新的企业为27.8万家，占全部企业的37.1%；同时实现产品创新、工艺创新、组织创新和营销创新4种创新的企业达到5.9万家，占全部企业的7.8%。

开展创新活动的高技术产业企业数为2.4万家，占全部高技术产业企业的74.4%。其中，实现创新的企业为2.2万家，占全部高技术产业企业的68.3%；同时实现4种创新的企业达到0.7万家，占全部高技术产业企业的23.0%。高技术产业企业中有创新活动的企业及实现创新的企业占比均显著高于规模以上企业整体水平，可见规模以上高技术产业企业的创新能力突出，是制造业企业中最具创新活力的力量。

从规模以上企业中实现创新的企业占比来看，不同产业企业的创新活跃程度存在明显差异。2017年，工业企业的创新活跃程度最高，实现创新的企业占全部工业企业的比重达到45.8%；其次为服务业，实现创新的企业占比为28.5%；建筑业中有27.8%的企业实现了创新。从地区分布看，实现创新的企业占比按东部地区、中部地区、西部地区、东北地区依次递减，东部地区约有39.7%的企业实现了创新，东北地区仅有24.6%的企业实现了创新（图1-3）。

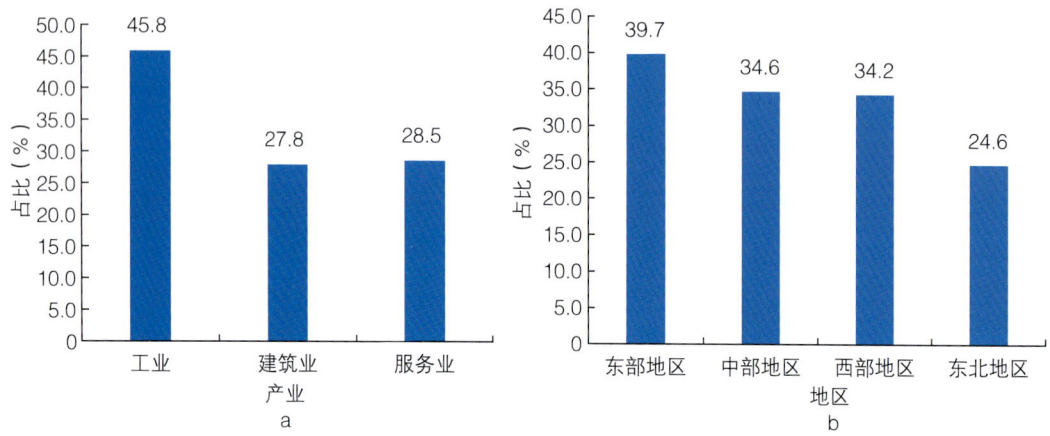

图1-3 规模以上企业中实现创新的企业占全部企业比重按产业及地区分布（2017年）

规模以上高技术产业企业中实现创新的企业占比高于企业整体水平。从地区分布看，实现创新的企业占比按东部地区、西部地区、中部地区、东北地区依次递减，东部地区约有71.0%的企业实现了创新，而东北地区仅有57.3%的企业实现了创新（图1-4）。

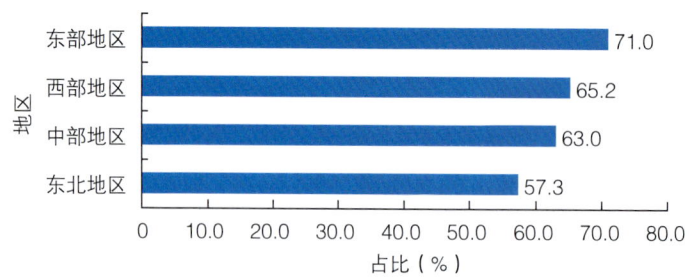

图1-4 高技术产业企业中实现创新的企业占全部高技术产业企业比重按地区分布（2017年）

三、规模以上企业创新特征

（一）产品创新和工艺创新

1. 22.6%的企业实现了产品创新或工艺创新

实现产品创新和工艺创新的企业数分别为12.9万家和13.9万家，占全部企业的17.2%和18.5%；实现产品创新或工艺创新的企业占全部企业的22.6%；同时实现产品创新和工艺创新的企业占全部企业的13.1%（图1-5）。

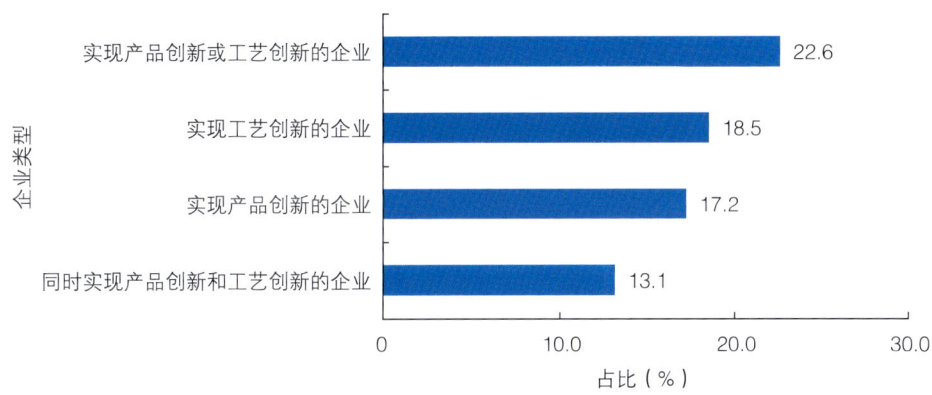

图1-5　实现产品创新或工艺创新的企业占全部企业比重（2017年）

2. 产品创新和工艺创新存在产业和地区差异

分产业看，2017年工业企业中有33.7%的企业实现了产品创新或工艺创新；建筑业占比为12.7%；服务业占比最低，为11.4%。分地区看，东部地区实现产品创新或工艺创新的企业占比最高，达25.7%；其次为中部地区和西部地区；东北地区的企业占比仅为12.4%（图1-6）。

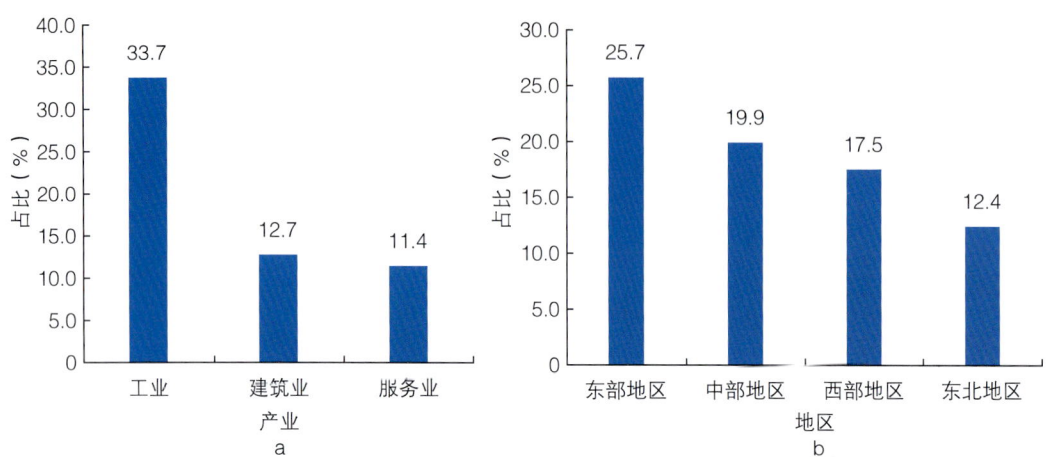

图1-6 实现产品创新或工艺创新的企业占全部企业比重按产业和地区分布（2017年）

3.独立开发是产品创新和工艺创新的主导模式

2017年，在实现产品创新的企业中，有83.7%的企业选择独立开发模式；分别有10.5%、8.3%的企业选择与境内高等学校合作开发、与境内其他企业合作开发；有6.6%的企业选择与集团内企业合作开发。与2016年相比，选择独立开发模式的企业占比上升了3.7个百分点，与境内其他企业合作开发的企业占比略有上升，其他创新方式的占比均略有降低（图1-7）。

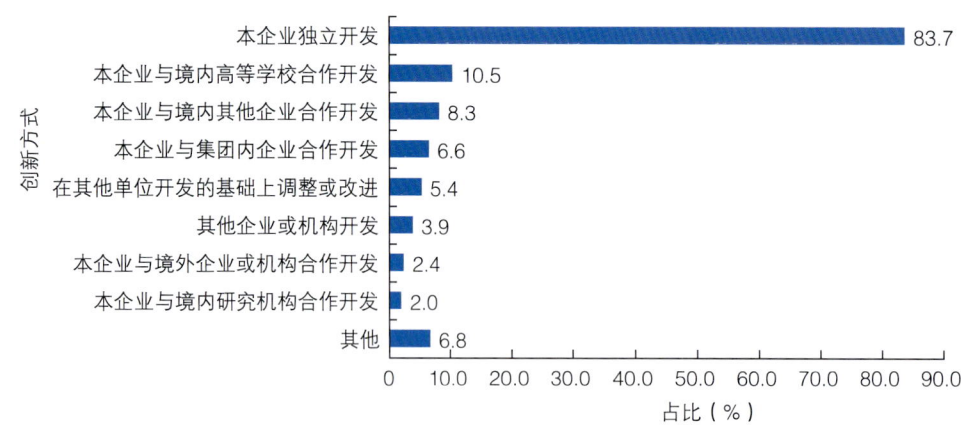

图1-7 实现产品创新的企业的创新方式（2017年）

2017年，在实现工艺创新的企业中高达74.9%的企业选择独立开发模式。与实现产品创新的企业类似，选择独立开发模式的企业占比较2016年上升了3.5个百分点，其他创新方式的占比均略有下降（图1-8）。

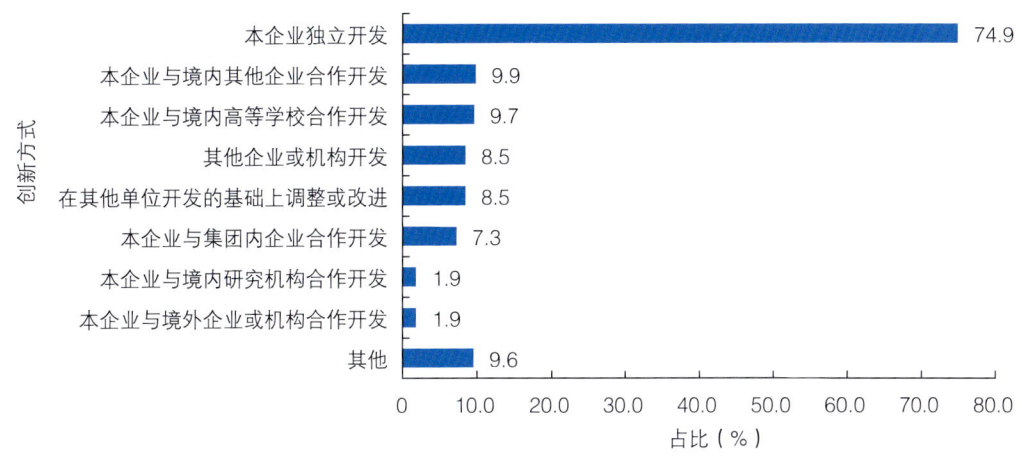

图1-8 实现工艺创新的企业的创新方式（2017年）

4.超过60%的企业拥有市场新产品，新产品销售收入比重超过10%

在实现产品创新的企业中，有市场新产品的企业占比为61.4%；新产品销售收入达29.5万亿元，占主营业务收入的14.6%。新产品销售收入占主营业务收入比重存在一定的产业差异，建筑业占比达22.3%，高于工业（16.9%）和服务业（9.3%）。

（二）产品创新和工艺创新的活动类型与创新经费

1.获得机器设备和软件、进行内部研发是企业最主要的创新活动类型

2017年的企业创新活动类型分布与上年略有区别。2017年，在开展产品创新或工艺创新活动的企业中，有57.3%的企业存在购买机器设备和软件的创新活动，超过开展内部研发活动的企业（53.3%），成为最主要的创新活动类型；37.9%的企业提供了相关培训；进行市场推介、相关设计的企业占比分别为19.7%、18.8%；进行外部研发、从外部获取相关技术的企业占比分别为8.7%和4.1%（图1-9）。这表明内部研发是我国企业开展创新活动的主要形式，从外部获得技术与知识的活动则是创新活动的补充。

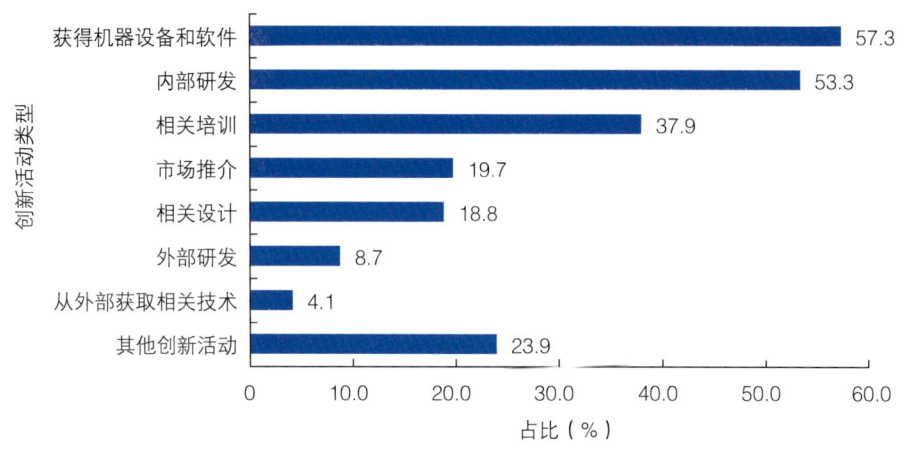

图1-9 开展产品创新或工艺创新活动企业的创新活动类型（2017年）

2.工业企业内部研发支出占创新经费的比重超过60%

企业的创新经费结构与创新活动类型高度相关，创新经费的大部分用于内部研发活动。2017年，工业企业创新经费支出达1.2万亿元。其中，内部研发经费支出占创新经费支出的比重达62.7%，构成最主要的创新经费支出项目；获得机器设备和软件经费的支出占创新经费支出的比重为30.5%；外部研发经费支出占创新经费支出的比重为3.6%（图1-10）。

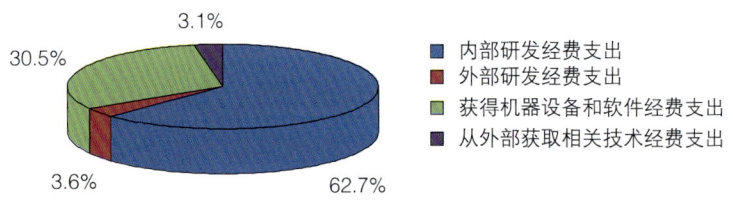

图1-10 工业企业创新经费构成（2017年）

（三）产品创新和工艺创新的信息来源

客户是企业最重要的信息来源，企业内部及竞争对手或同行业企业所提供的信息也不可忽视。在开展产品创新或工艺创新的20.1万家规模以上企业中，有43.6%的企业认为来自客户的信息对创新影响较大；有38.1%的企业认为企业内部信息对创新至关重要；有22.4%的企业高度重视来自竞争对手或同行业企业的信息；超过18%的企业认为来自供应商、行业协会的信息对其创新有重要影响；超过15%的企业认为来自展会和政府部门的信息对其创新活动具有较大影响；相对而言，大部分企业认为来自文献期刊、市场咨询机构及高等学校的信息对创新的影响相对较小（图1-11）。

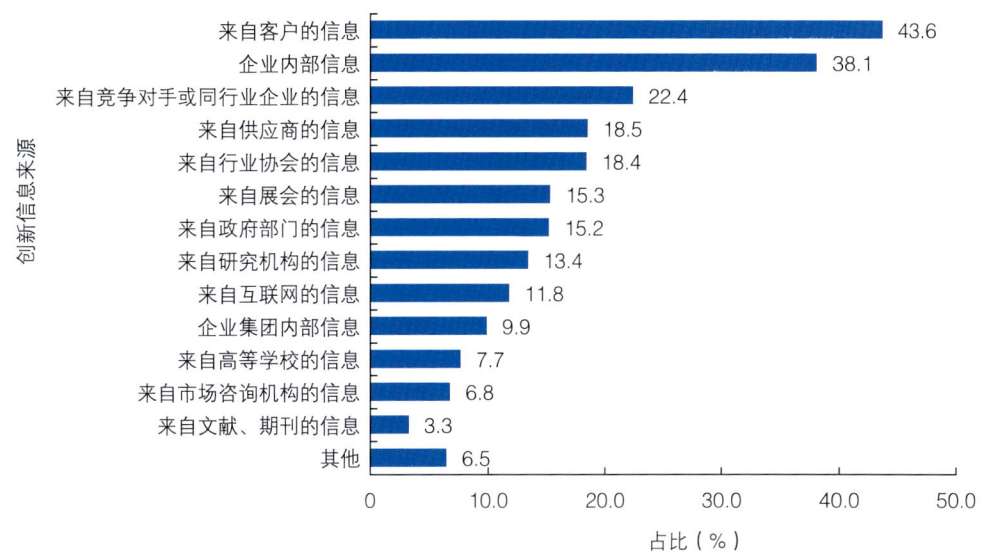

图1-11 创新信息来源对开展产品创新或工艺创新活动企业创新的影响（2017年）

（四）产品创新和工艺创新的合作伙伴

1.上下游主体是企业创新合作对象的主体

2017年，开展合作创新的企业达13.1万家，占全部企业的17.5%。在合作创新的企业中，与客户结成合作关系的企业达42.8%，与供应商结成合作关系的企业占36.4%，分别居前两位，构成企业最主要的合作对象；有31.2%、28.4%的企业分别与高等学校、集团内其他企业结成合作关系；与行业协会、研究机构、竞争对手或同行业企业结成合作关系的企业占比分别为20.4%、18.6%和15.9%；与市场咨询机构和政府部门开展创新合作的企业占比分别为12.0%、11.2%；与风险投资机构进行合作创新的企业占比最低，仅为1.3%（图1-12）。与2016年相比，除与高等学校和研究机构的合作占比略有下降外，其他形式的合作伙伴占比均相应上升。

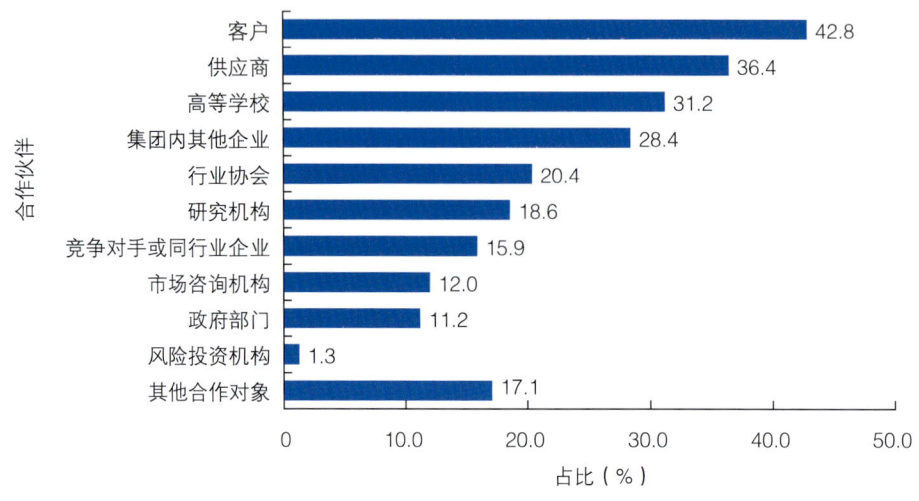

图1-12 合作创新企业的合作伙伴分布（2017年）

2.客户与供应商对企业创新具有核心价值

在合作创新的企业中，有39.1%的企业认为客户在其创新过程中具有较大的价值；有30.7%的企业认为与供应商的合作对创新具有正向影响；分别有25.1%和23.3%的企业认为与高等学校、集团内其他企业合作有利于创新发展；分别有15.9%和14.7%的企业认为与行业协会、研究机构合作对创新影响较大；近13%的企业认为与竞争对手或同行业企业合作对创新发展影响较大（图1-13）。

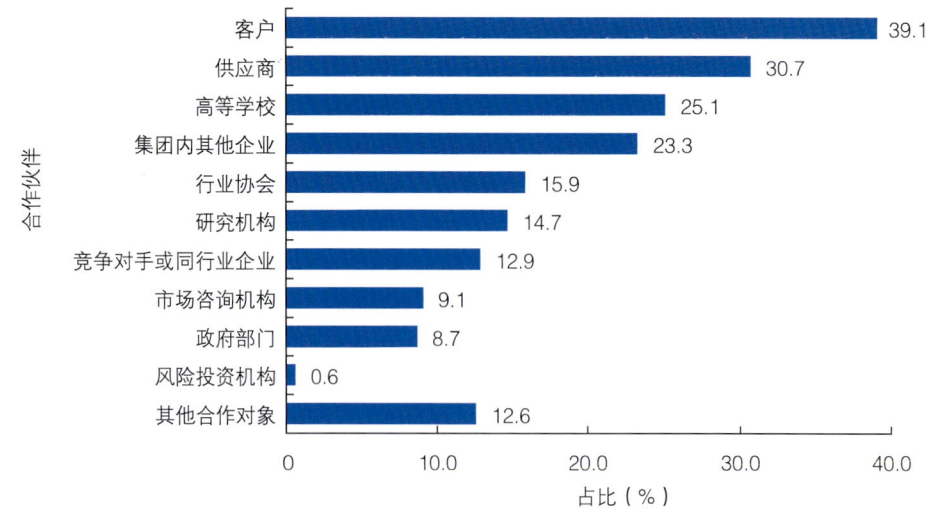

图1-13 创新合作伙伴对企业的相对重要性（2017年）

3.近40%的合作创新企业开展产学研合作,以共同完成科研项目为主导模式

我国企业拥有较为多元的产学研合作模式。2017年,开展产学研合作的企业数达到5.0万家,占创新合作企业总数的38.5%。在开展产学研合作的企业中,有66.7%的企业选择共同完成科研项目模式,该模式在所有产学研合作形式中继续保持主导地位。有32.7%的企业选择聘用高校或研究机构人员到企业兼职;有27.5%的企业选择在企业建立研发机构;在高校或研究机构中设立研发机构的企业占比达10.8%(图1-14)。

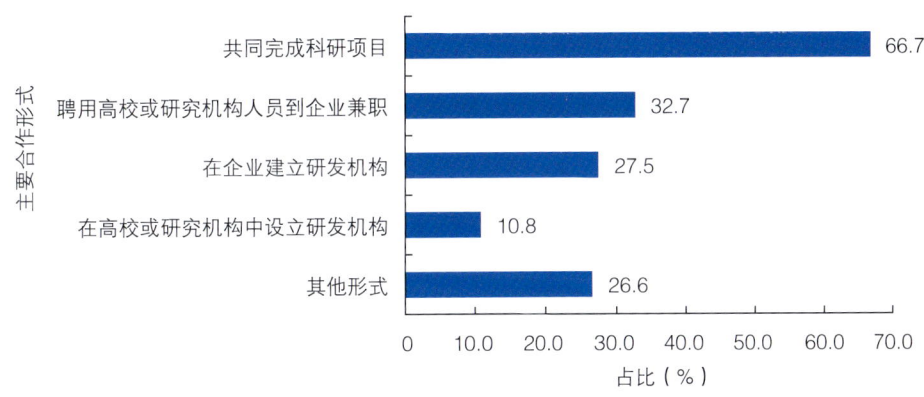

图1-14 产学研合作企业的主要合作形式(2017年)

(五)产品创新和工艺创新的阻碍因素

2017年,超过1/4的企业认为缺乏人才或人才流失是阻碍创新最主要的因素,创新经费成本过高、创新意识不足也在一定程度上阻碍创新。在74.9万家规模以上企业中,有27.7%的企业认为缺乏人才或人才流失是阻碍创新的主要因素,较上年提高3.7个百分点;分别有18.9%和17.7%的企业认为创新成本过高、没有创新的必要是阻碍创新的主要因素;分别有16.1%和11.7%的企业将缺乏技术信息、不能确定市场需求归为主要的创新阻碍因素;分别有11%左右的企业将创新的阻碍因素归为缺乏内部资金及缺乏银行贷款支持;市场已被占领、创新成果易被低成本模仿等因素对创新的阻碍较小(图1-15)。

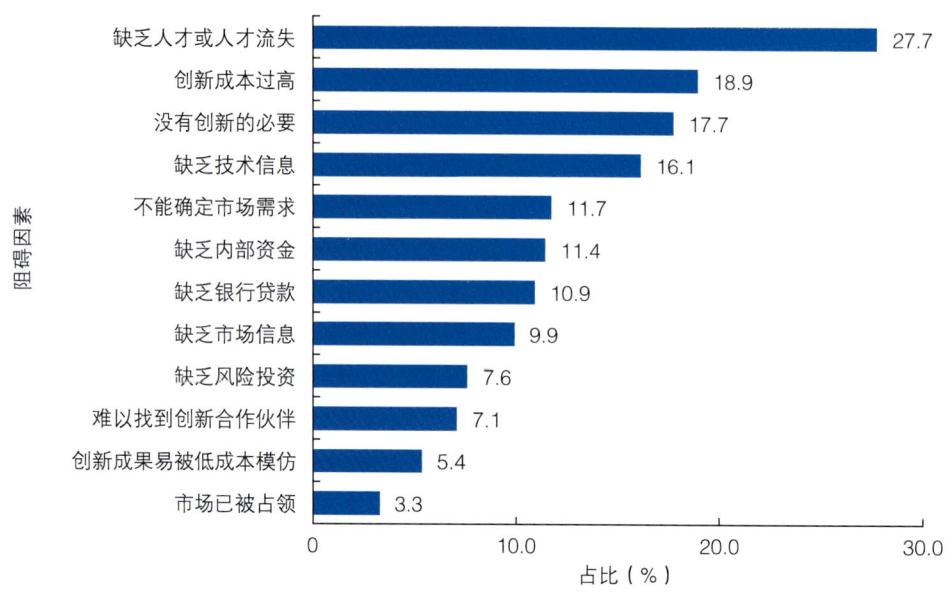

图1-15 企业创新的阻碍因素分布（2017年）

（六）知识产权保护

2017年，一半以上企业采取了知识产权保护或相关措施，发挥时间上的先发优势、对技术秘密进行内部保护是最主要的保护方式。采取知识产权保护或相关措施的规模以上企业数达到42.2万家，占全部规模以上企业总数的56.3%，较2016年提高了4.9个百分点。全部企业中，有23.5%的企业通过发挥时间上的先发优势从技术成果中获益；有13.7%的企业对技术秘密进行了内部保护；有12.2%的企业申请了注册商标；分别有约7%的企业申请了实用新型或外观设计专利、形成了国家或行业技术标准；约6%的企业申请了发明专利；应用难以复制的复杂技术、申请版权登记的企业占比较低，分别为3.0%和2.9%（图1-16）。

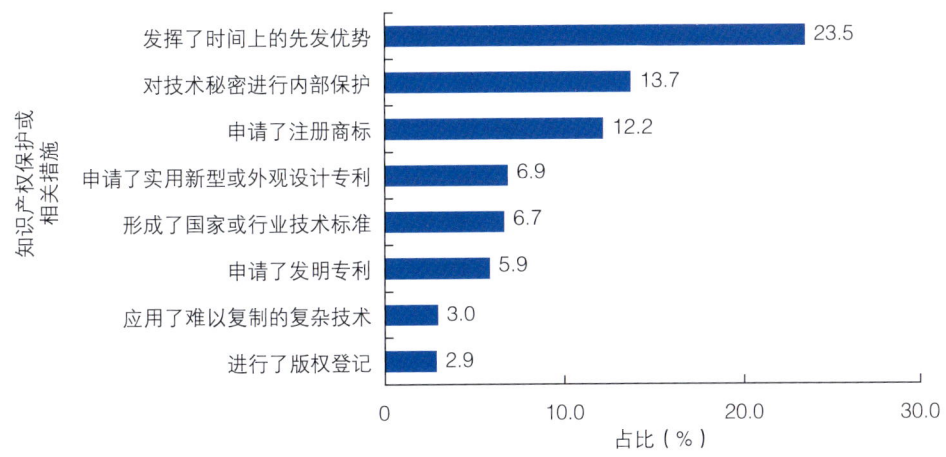

图1-16 企业采取的知识产权保护或相关措施分布（2017年）

（七）组织创新和营销创新

1.逾30%企业实现了组织创新或营销创新

实现组织创新或营销创新的企业数达到23.2万家，占全部企业的31.0%；实现组织创新的企业占比为25.1%；实现营销创新的企业占比为23.2%；同时实现组织创新和营销创新的企业占比为17.3%（图1-17）。

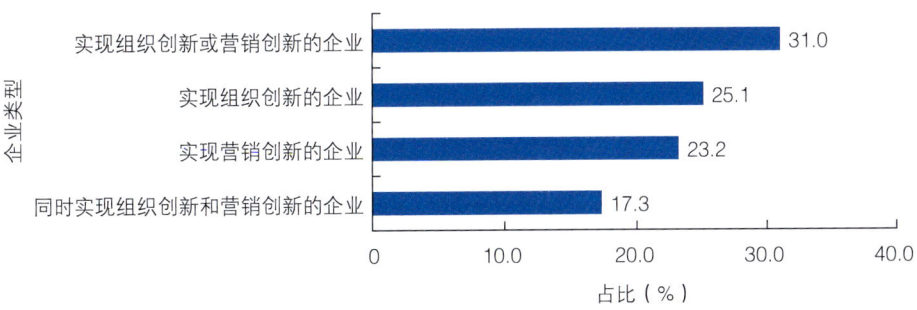

图1-17 实现组织创新或营销创新的企业占全部企业比重（2017年）

2.企业组织创新或营销创新存在产业和地区差异

分产业看，工业企业中实现了组织创新或营销创新的企业占比最高，达到35.6%；其次为服务业（26.6%）；建筑业占比最低，为25.3%。分地区看，东部地区实现组织创新或营销创新的企业占比最高，达32.0%；其次为西部地区、中部地区，分别为31.1%和30.2%；东北地区占比最低，为22.1%（图1-18）。

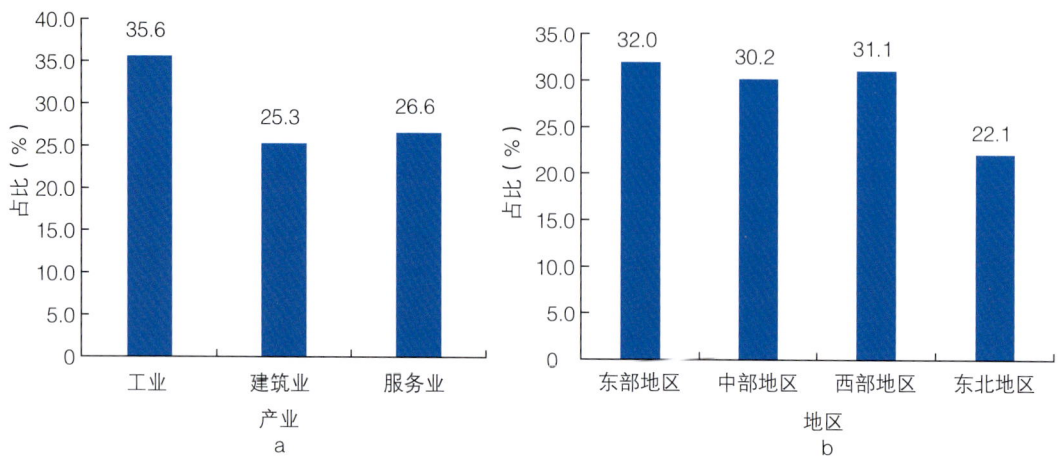

图1-18 实现组织创新或营销创新的企业按产业和地区分布（2017年）

四、规模以上高技术产业企业创新特征

（一）产品创新和工艺创新

1. 实现产品创新或工艺创新的高技术产业企业显著高于规模以上企业整体水平

规模以上高技术产业企业实现产品创新和工艺创新的企业数均为1.6万家，占规模以上高技术产业企业的比重分别为49.8%和48.8%，均显著高于规模以上企业整体水平（17.2%和18.5%）；实现产品创新或工艺创新的高技术产业企业占全部高技术产业企业的59.1%，亦显著高于规模以上企业整体水平（22.6%）（图1-19）。

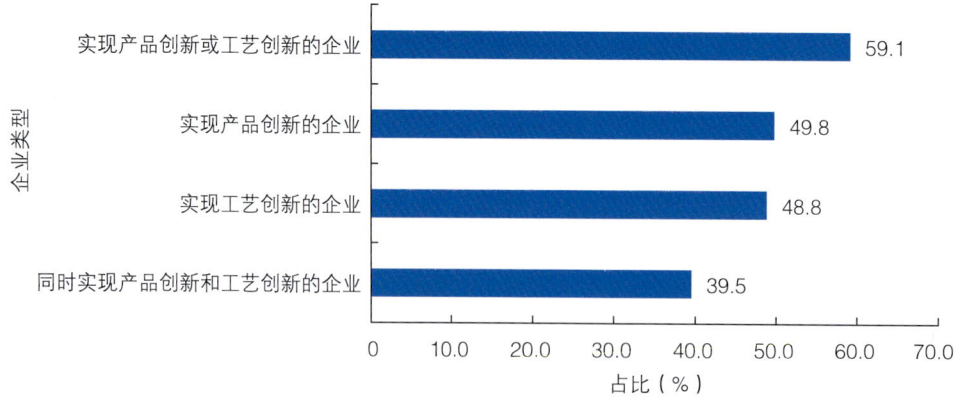

图1-19 实现产品创新或工艺创新的高技术产业企业占全部高技术产业企业比重（2017年）

2.中西部地区实现产品创新或工艺创新的高技术产业企业占比差别不大

东部地区实现产品创新或工艺创新的高技术产业企业占比最高，为62.7%；其次为西部地区（53.9%）和中部地区（52.1%）；东北地区企业占比仅为45.4%（图1-20）。

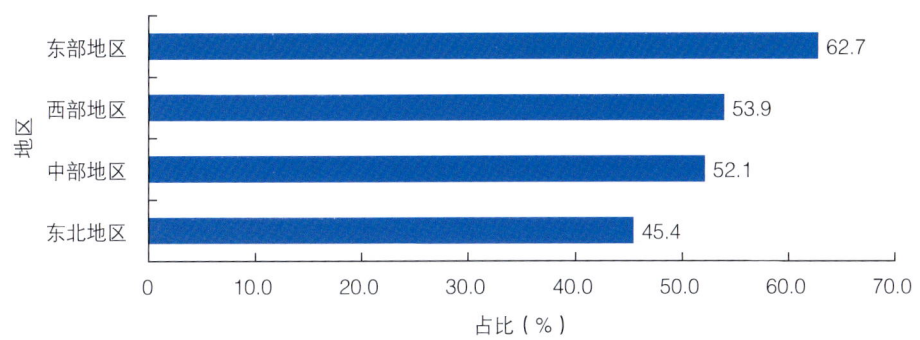

图1-20　实现产品创新或工艺创新高技术产业企业按地区分布（2017年）

3.独立开发是企业产品创新和工艺创新的主导模式

在实现产品创新的高技术产业企业中，有90.7%的企业选择独立开发模式，高于规模以上企业整体水平（83.7%）；分别有12.1%和8.3%的企业选择与境内高等学校合作开发、与境内其他企业合作开发；同时，有逾6%的企业选择与集团内企业合作开发（图1-21）。

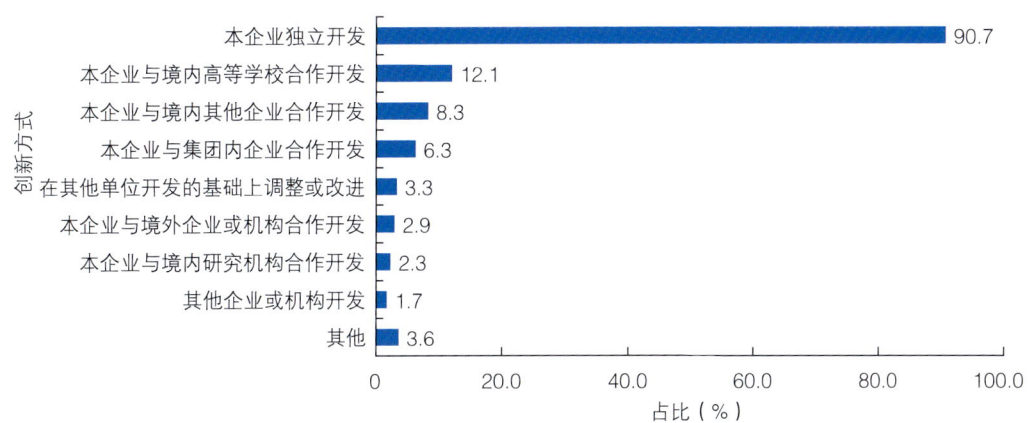

图1-21　实现产品创新的高技术产业企业的创新方式（2017年）

在实现工艺创新的高技术产业企业中，高达85.7%的企业选择独立开发模式，高于规模以上企业整体水平（74.9%）。与实现产品创新的高技术产业企业类似，分别有11.4%和10.4%的企业选择与境内高等学校合作开发、与境内其他企业合作开发（图1–22）。

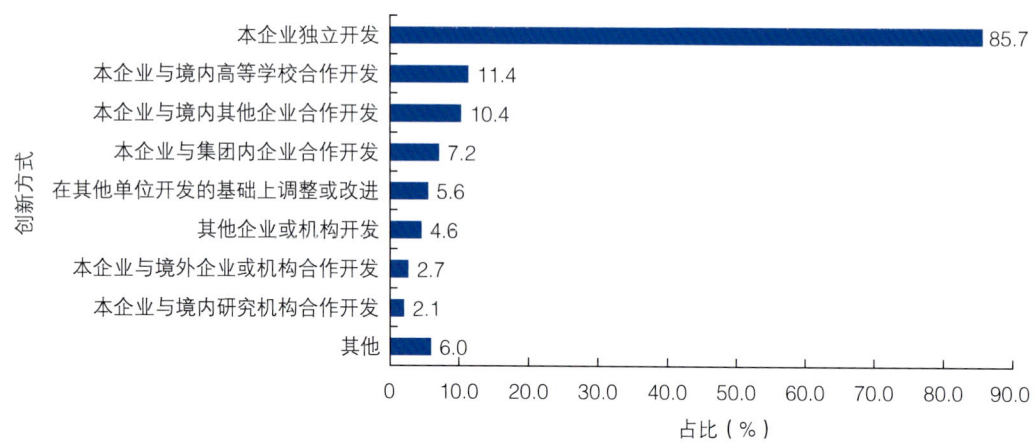

图1-22 实现工艺创新的高技术产业企业的创新方式（2017年）

4. 2/3的高技术产业企业有市场新产品

在实现产品创新的高技术产业企业中，有市场新产品的企业占66.4%；新产品销售收入达5.4万亿元，占主营业务收入的33.6%。新产品销售收入占主营业务收入比重显著高于规模以上企业整体水平（14.6%）。

（二）产品创新和工艺创新的活动类型与创新经费

1.开展内部研发、获得机器设备和软件是最主要的创新活动类型

规模以上高技术产业企业创新活动类型分布与规模以上企业整体分布类似，但主要创新活动类型占比均有所提高。2017年，在开展产品创新或工艺创新活动的高技术产业企业中，有78.2%的企业开展内部研发活动，显著高于规模以上企业整体水平（53.3%）；有77.1%的企业存在购买机器设备和软件的创新活动；45.4%的企业提供了相关培训；进行相关设计、市场推介的企业占比分别为25.9%和23.6%；进行外部研发、从外部获取相关技术的企业占比分别为15.8%和2.9%（图1-23）。

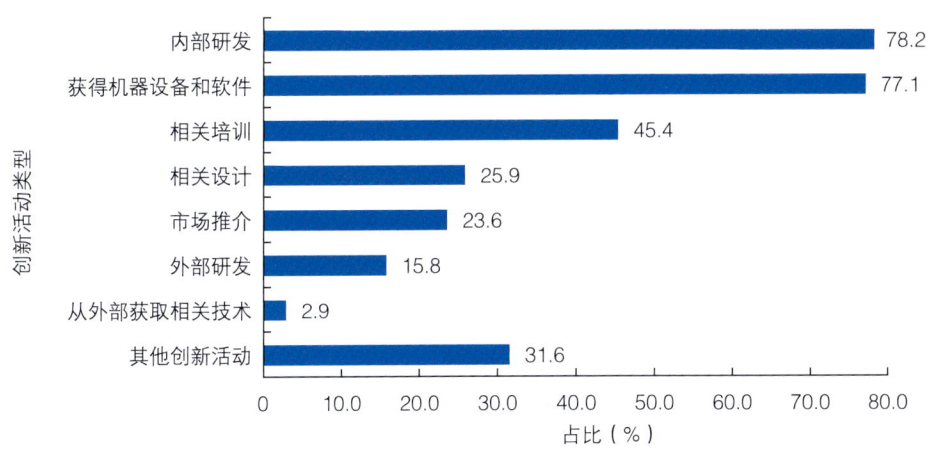

图1-23 开展产品创新或工艺创新活动高技术产业企业的创新活动类型（2017年）

2.企业内部研发支出占创新经费比重超过60%

2017年，高技术产业企业创新经费支出为5000亿元。与规模以上企业整体分布类似，内部研发经费支出占创新经费支出的比重达65.4%，是最主要的创新经费支出项目；获得机器设备和软件经费的支出占创新经费支出的比重为25.5%；从外部获取相关技术经费支出占创新经费支出的比重为2.9%（图1-24）。

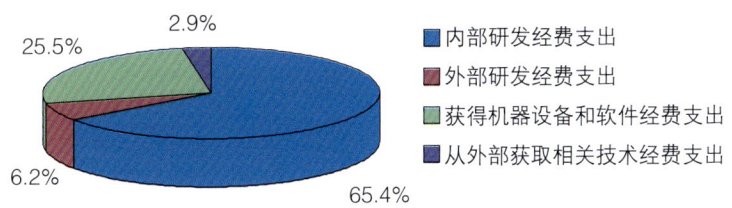

图1-24 高技术产业企业创新经费构成（2017年）

（三）组织创新和营销创新

1.实现组织创新或营销创新的高技术产业企业占比显著高于规模以上企业整体水平

规模以上高技术产业企业实现组织创新和营销创新的企业数分别为1.4万家、1.3万家，占规模以上高技术产业企业的比重分别为44.5%和42.0%，均显著高于规模以上企业整体水平（25.1%和23.2%）；实现组织创新或营销创新的高技术产业企业占全部高技术产业企业的53.3%，亦显著高于规模以上企业整体水平（31.0%）（图1-25）。

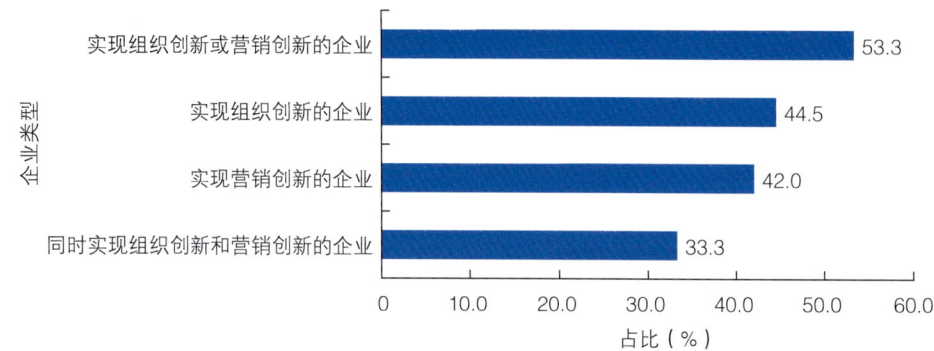

图1-25 实现组织创新或营销创新的高技术产业企业占全部高技术产业企业比重（2017年）

2.实现组织创新或营销创新的高技术产业企业占比的地区差异不明显

实现组织创新或营销创新的高技术产业企业占比的地区分布较为均衡。其中，东部地区、西部地区企业占比最高，均为53.9%；东北地区企业占比较低，为46.9%（图1-26）。

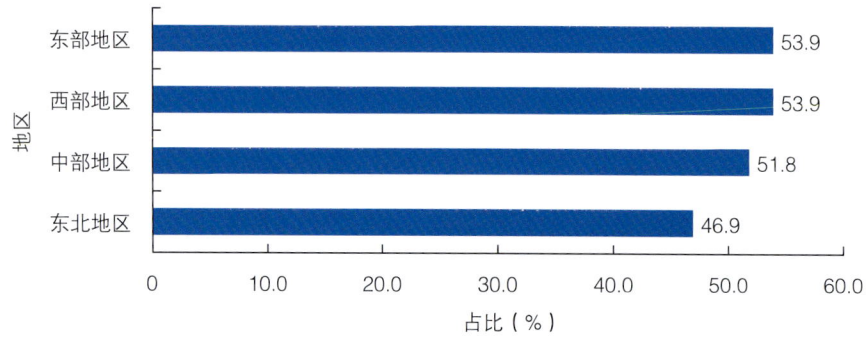

图1-26 实现组织创新或营销创新的高技术产业企业按地区分布（2017年）

五、企业家对创新的认识

为了掌握规模以上企业的企业家对创新活动和创新政策的认识和判断，2018年的全国企业创新调查设计了3张企业家问卷，分别供规模以上工业企业、建筑业企业和服务业企业填报。

（一）企业家总体情况

2018年接受调查的规模以上企业的企业家共74.9万人。处于30～39岁和

40～49岁的企业家分别占总体的33.8%和35.3%，两者构成我国企业家的主要群体；50～59岁的企业家占比为17.0%；仅有2.5%的企业家年龄在60岁以上（图1-27）。

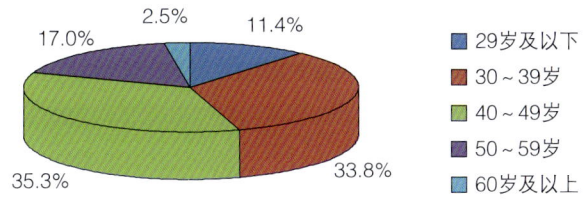

图1-27　企业家的年龄分布（2017年）

超过八成的企业家认可创新对于企业发展的重要性。认为创新对企业的生存和发展起了重要作用的企业家占比为24.7%；认为创新起了一定作用的企业家占比为58.8%；有16.5%的企业家认为创新对于企业发展并不起作用，比2016年下降了2.2个百分点。

（二）创新对企业的影响

1.超过30%的企业家认为产品创新影响最大

2017年在实现创新的企业中，有32.0%的企业家认为产品创新对企业影响最大；分别有26.5%和23.9%的企业家认为组织创新和营销创新对企业影响最大；有17.6%的企业家认为工艺创新对于企业经营影响深远（图1-28）。

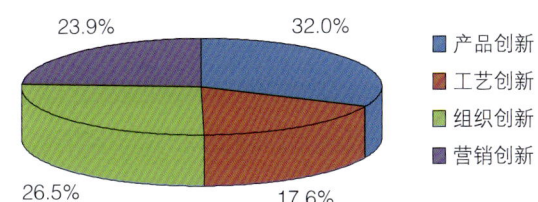

图1-28　企业家对各类创新重要性的认识（2017年）

2.多数企业家认为产品创新的重要性体现在提高了产品性能

在实现产品创新的企业中，有85.5%的企业家认为产品创新提高了产品性能，对企业影响深刻；分别有超过78%的企业家认为产品创新的功效在于增加了产品品种、开拓了新市场；分别有72.9%、68.7%的企业家认为产品创新通过扩大市场份额、取代过时产品，而对企业产生深远影响（图1-29）。整体上，企业家认可产品创新可以通过多种渠道对企业产生影响。

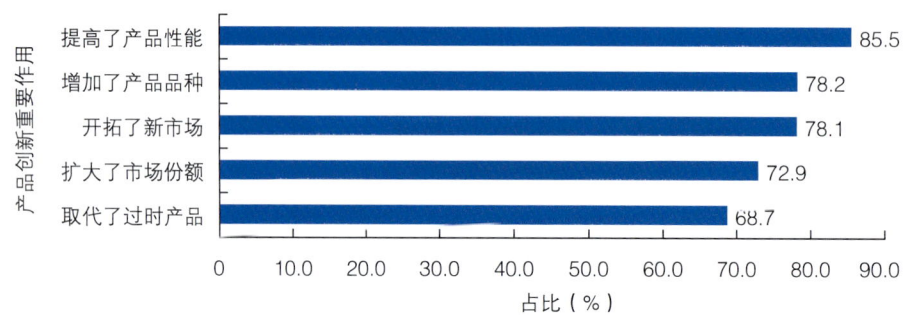

图1-29　企业家对产品创新重要作用的认识（2017年）

3.多数企业家认为工艺创新的重要性体现在提高了生产效率

在实现工艺创新的企业中，有83.3%的企业家认为工艺创新有利于提高生产效率；有75.0%的企业家认为工艺创新提高了生产的灵活性；将工艺创新的重要作用归纳为降低人力成本、减少环境污染、降低能源消耗、改善工作条件、节约原材料的企业家占比均超过60%（图1-30）

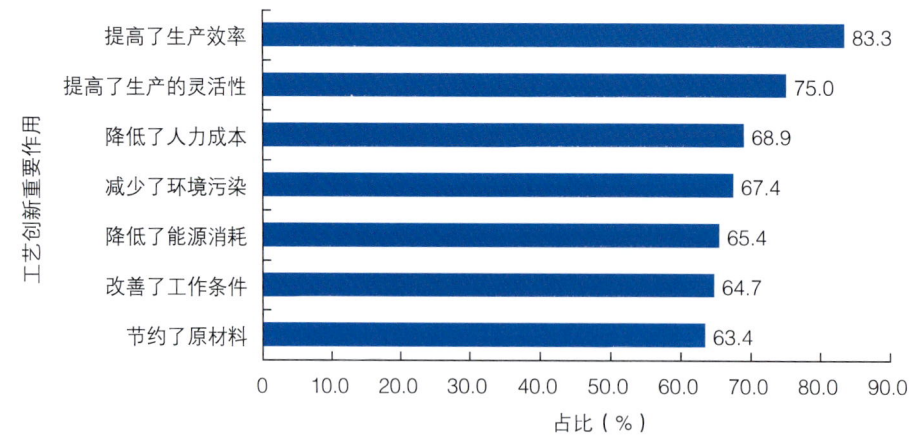

图1-30　企业家对工艺创新重要作用的认识（2017年）

4.多数企业家认为组织创新的重要性体现在提升了管理效率

在实现组织创新的企业中，有79.6%的企业家认为组织创新有利于提升管理效率；分别有75.8%和75.0%的企业家认为组织创新的核心作用在于提高了产品质量、加快了对客户或供应商的响应速度;分别有68.1%和65.6%的企业家认为组织创新有利于提高信息交换与共享的水平、提高新产品或新工艺的开发能力;分别有超过60%的企业家认为组织创新会通过改善员工工作条件、降低单位成本,对企业产生深刻影响(图1-31)。

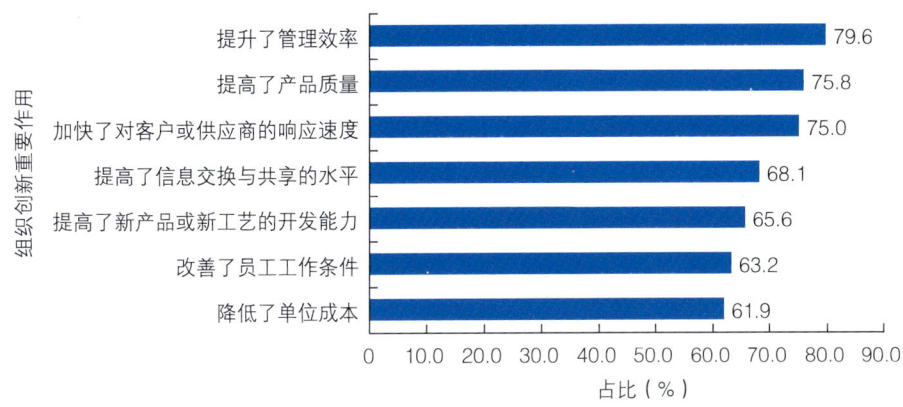

图1-31 企业家对组织创新重要作用的认识(2017年)

5.多数企业家认为营销创新的重要性体现在开拓了新客户群体

在实现营销创新的企业中,有73.8%的企业家认为营销创新有利于开拓新客户群体;有73.2%的企业家认为营销创新的作用在于保持或扩大市场份额;有70.1%的企业家认为营销创新有利于开拓新市场区域(图1-32)。

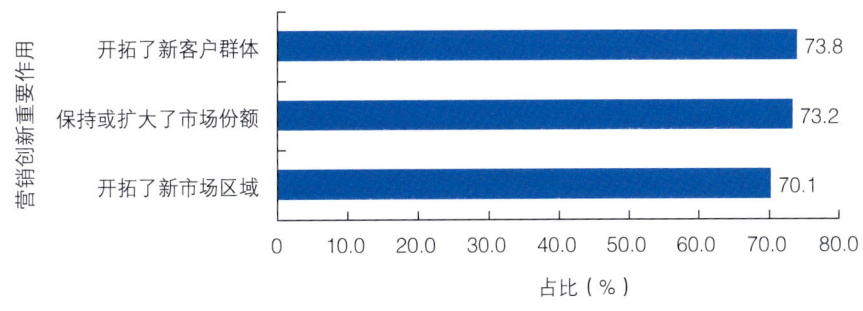

图1-32 企业家对营销创新重要作用的认识(2017年)

6.一半以上企业制定了创新战略目标,增加创新投入、提升企业竞争力是企业的主要战略目标

2017年制定创新战略目标的企业数达到37.7万家,占全部企业的50.7%。在制定创新战略目标的企业中,有51.7%的企业家将创新战略定位于增加创新投入,提升企业竞争力;分别有20.2%和17.9%的企业家制定了赶超同行业国内领先企业、保持现有的技术水平和生产经营状况的创新战略;分别有5.7%和4.1%的企业家将创新战略定义为赶超同行业国际领先企业、保持本领域的国际领先地位(图1-33)。

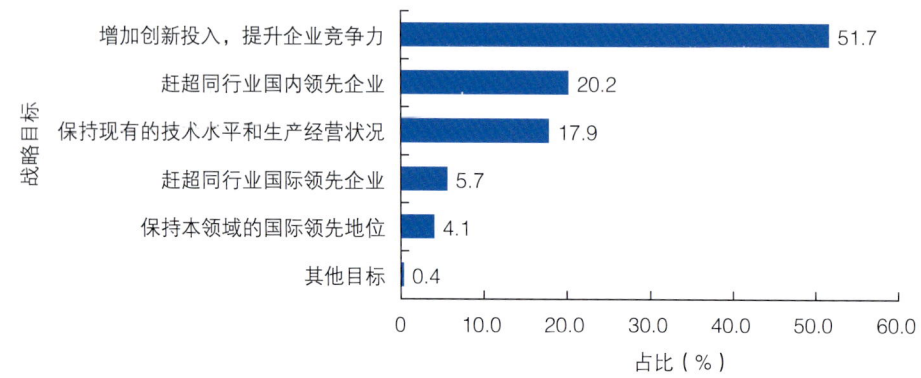

图1-33 企业创新战略目标分布(2017年)

(三)创新成功的影响因素

1.超过70%的企业家认为员工对企业的认同感、高素质人才至关重要

2017年在开展创新活动的企业中,有74.1%的企业家认为员工对企业的认同感会深刻影响企业创新,超过高素质的人才,跃升为对创新成果影响最大的因素;有73.1%的企业家认为高素质的人才对于创新成功至关重要,体现了人力资本对于企业创新的重要性;分别有71.8%和69.0%的企业家认为企业内部的激励措施和有创新精神的企业家是影响创新成功的重要因素;认为畅通的信息渠道、有效的技术战略或计划、充足的经费支持、可信赖的创新合作伙伴对创新成功重要的企业家占比均超过60%;有59.9%的企业家认为优惠政策的扶持对于创新成功较为重要(图1-34)。

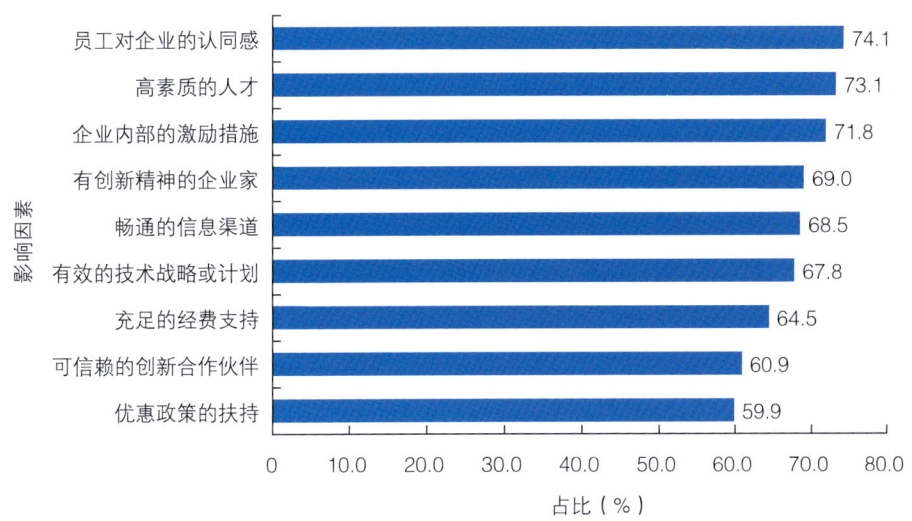

图1-34 企业家对影响创新成功的重要因素的认识（2017年）

2.近70%的企业家认为增加工资或奖金的激励创新效果明显

在开展创新活动的企业中，有67.8%的企业家认为增加工资或奖金措施激励创新效果很好；分别有59.0%和47.5%的企业家认为岗位调整或升职机会、培训或深造机会是非常有效的创新激励措施；有20.5%的企业家表示汽车住房等物质奖励作用效果显著；有18.3%的企业家强调股权或期权的重要激励作用（图1-35）。

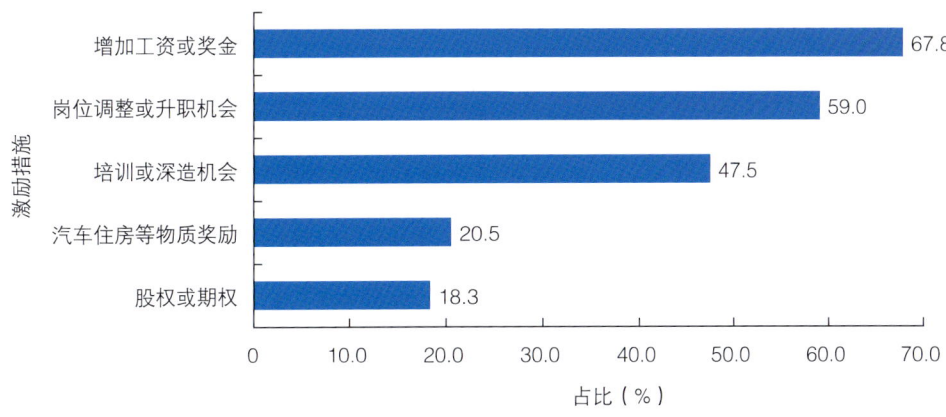

图1-35 企业家对创新激励措施的认识（2017年）

3.超过40%的企业家对知识产权政策和研发费用税收优惠政策予以肯定

在开展创新活动的企业中，分别有43.0%和41.7%的企业家认为创造和保护知识产权相关政策、企业研发费用加计扣除税收优惠政策效果较明显；超过40%的企业家认为鼓励企业吸引和培养人才相关政策、高新技术企业所得税减免政策具有显著效果；超过30%的企业家认为优先发展产业的支持政策、金融支持相关政策、关于推进大众创业万众创新的各项政策、企业研发活动专用仪器设备加速折旧政策效果较明显；超过20%的企业家认为技术转让、技术开发收入免征增值税和技术转让减免所得税优惠政策，科技创新进口税收政策具有显著效果（图1-36）。

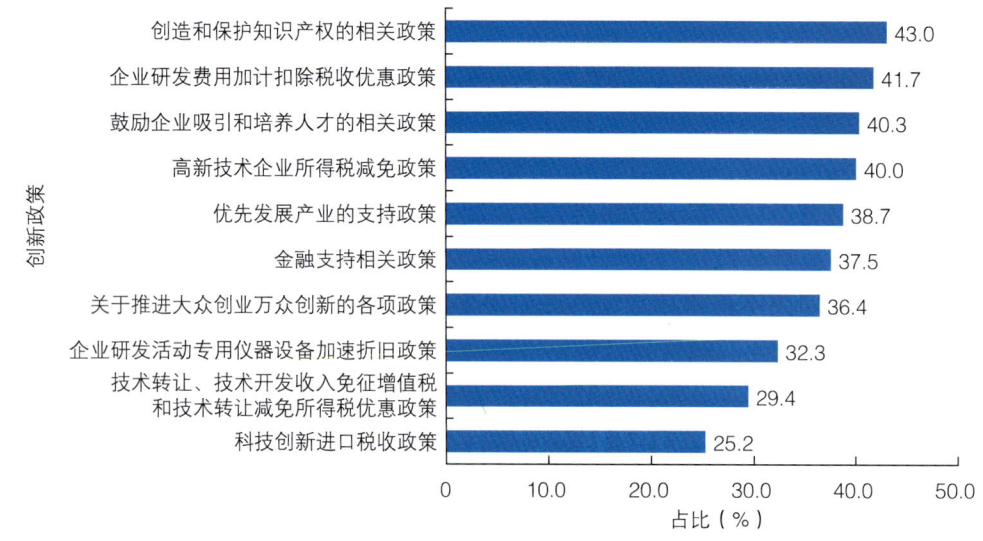

图1-36 企业家对创新政策效果的认识（2017年）

2017年1月14日，财政部、教育部、发展改革委、科技部等10个部门联合发布了《关于"十三五"期间支持科技创新进口税收政策的通知》，以发挥科技创新在全面创新中的引领作用。根据创新政策的调整和变化，2018年的企业家调查问卷删除了"科技开发用品免征进口税收政策"，新增了"科技创新进口税收政策"。该政策实施效果在对企业家的调查中得到了体现，25.2%的企业家认为科技创新进口税收政策效果明显。

历史篇 第二章

企业创新能力评价指标体系说明

一、总体说明

(一) 企业创新能力界定

企业创新能力一方面体现在创新的多维度性,包括产品创新、工艺创新、组织创新及营销创新;另一方面体现在创新的全流程性,包括创新投入、创新产出及创新成果商业化3个过程。鉴于此,本报告认为企业的创新能力可以体现在以下4个方面:一是企业的创新投入能力,包括企业R&D经费与R&D人员投入,既包括投入的数量,也包括投入的质量,即高质量的R&D经费投入及人才投入结构;二是创新资源协调能力,包括与其他主体进行合作创新、从外部获得技术支持的能力,还包括与政府形成良好互动、利用政策资源的能力;三是知识产权能力,包括知识产权创造、知识产权保护、知识产权运营及将知识产权优势转化为利润优势的能力;四是创新驱动能力,包括新产品的市场开拓能力、国际市场影响力及对于经济社会的推动力。

(二) 构建企业创新能力评价指标体系的基本原则

本报告在构建企业创新能力评价指标体系时,主要遵循以下3个基本原则:一是构建的指标体系能够全面、系统地反映企业创新能力的变化;二是确保指标数据的权威性、完整性及统计口径的一致性,增强基础数据的连续性及可对比性,生成评价指标的基础数据均来自政府统计调查制度,采用国家或部门统计标准计算而来的统计指标;三是确保数据的公开性,生成评价指标的基础数据均来自公开出版物。

（三）企业创新能力评价指标体系构成

基于对企业创新能力基本特征的理解，并充分参考国外关于创新能力评价的相关研究成果，如经济合作与发展组织的《OECD 科学、技术和产业记分牌》、欧盟的《欧洲创新记分牌》，以及国内较有影响力的评价研究，包括《国家创新指数报告》《中国区域创新能力报告》《创新型国家进程统计监测研究报告》，本报告构造了包括创新投入能力、协同创新能力、知识产权能力和创新驱动能力 4 个一级指标、12 个二级指标和 24 个三级指标在内的企业创新能力指标体系。在三级指标的设计上，采用了相对指标与绝对指标相结合的方法，以更真实地反映企业创新能力。

二、指标体系框架

（一）创新投入能力

创新投入能力反映企业开展创新活动的意愿和投入力度，主要从创新经费、创新人力及研发机构 3 个方面来反映，包括 3 个二级指标和 6 个三级指标。

其中，创新经费包括创新经费投入、R&D 经费支出占主营业务收入比重 2 个指标，分别反映创新经费投入总量及创新经费中核心构成的 R&D 投入比重两个方面；创新人力包括 R&D 人员占就业人员比重、企业 R&D 人员中硕士博士学历人员比重 2 个指标，分别反映 R&D 人员占比及其学历结构两个方面；研发机构包括有研究机构的企业占工业企业的比重、研发机构 R&D 经费投入占企业 R&D 经费的比重 2 个指标，分别反映研发机构设置比例、研发机构的实际经费支出情况两个方面。

（二）协同创新能力

协同创新能力反映企业在利用外部创新资源、开展合作创新方面的能力，主要从创新合作、创新资源整合、创新政策利用 3 个方面来反映，包括 3 个二级指标和 6 个三级指标。

其中，创新合作包括创新合作企业占全部企业比重、企业 R&D 经费外部支出中高校和研究机构所占比重 2 个指标，分别反映创新合作企业的比例、创新合作的实际经费支出情况两个方面；创新资源整合包括购买国内技术经费支出与引进技术经费支出的比值、消化吸收经费支出与引进技术支出的比值 2 个指标，分别反映国内技术供应能力、企业技术消化能力两个方面；创新政策利用包括使用来自政府部门的科技活动资金、研发费用加计扣除减免税 2 个指标，政府科技资金支持与研发费用加计扣除是目前我国最为重要的两项激励企业创新的政策工具，企业从这两个政策中获得的资金支持能够在很大程度上反映企业利用创新政策的能力。

（三）知识产权能力

知识产权能力反映企业在知识产权创造、运用和保护方面的表现，主要从知识产权创造、知识产权保护及知识产权运用 3 个方面来反映，包括 3 个二级指标和 6 个三级指标。

其中，知识产权创造包括每亿元 R&D 经费投入的专利申请量、企业发明专利申请量占专利申请量的比重 2 个指标，分别反映知识产权产出效率及产出质量两个方面；知识产权保护包括采取知识产权保护或相关措施的企业占全部企业的比重、万名企业就业人员商标拥有量 2 个指标，分别反映企业的知识产权保护意识及商标保护水平两个方面；知识产权运用包括万名企业就业人员有效发明专利量、专利所有权转让及许可收入 2 个指标，分别反映企业知识产权维持、利用并转化为经济收益的水平两个方面。

（四）创新驱动能力

创新驱动能力反映企业在创新价值实现、增强市场竞争力和推动经济发展方式转变方面的表现，主要从创新价值实现、市场影响力、经济社会发展 3 个方面来反映，包括 3 个二级指标和 6 个三级指标。

其中，创新价值实现包括新产品销售收入占主营业务收入比重、新产品出口占新产品销售收入比重 2 个指标，主要反映新产品销售密度、新产品出口密度两个方面；市场影响力包括进入国家阶段的 PCT 国际发明专利申请数、境外注册商标数 2 个指标，分别反映专利及商标在国际市场拓展过程中的作用；经济社会发展包括劳动生产率、综合能耗产出率 2 个指标，分别反映劳动生产效率及绿色生产水平。指标体系框架如表 2-1 所示。

表2-1 指标体系框架

一级指标	二级指标	三级指标
创新投入能力	1 创新经费	1.1 创新经费投入
		1.2 R&D经费支出占主营业务收入比重
	2 创新人力	2.1 R&D人员占就业人员比重
		2.2 企业R&D人员中硕士博士学历人员比重
	3 研发机构	3.1 有研发机构的企业占工业企业的比重
		3.2 研发机构R&D经费投入占企业R&D经费的比重
协同创新能力	4 创新合作	4.1 创新合作企业占全部企业比重
		4.2 企业R&D经费外部支出中高校和研究机构所占比重
	5 创新资源整合	5.1 购买国内技术经费支出与引进技术经费支出的比值
		5.2 消化吸收经费支出与引进技术经费支出的比值
	6 创新政策利用	6.1 使用来自政府部门的科技活动资金
		6.2 研发费用加计扣除减免税
知识产权能力	7 知识产权创造	7.1 每亿元R&D经费投入的专利申请量
		7.2 企业发明专利申请量占专利申请量的比重
	8 知识产权保护	8.1 采取知识产权保护或相关措施的企业占全部企业的比重
		8.2 万名企业就业人员商标拥有量
	9 知识产权运用	9.1 万名企业就业人员有效发明专利量
		9.2 专利所有权转让及许可收入
创新驱动能力	10 创新价值实现	10.1 新产品销售收入占主营业务收入比重
		10.2 新产品出口占新产品销售收入比重
	11 市场影响力	11.1 进入国家阶段的PCT国际发明专利申请数
		11.2 境外注册商标数
	12 经济社会发展	12.1 劳动生产率
		12.2 综合能耗产出率

三、具体指标说明

（一）创新经费

1.创新经费投入

该指标反映创新经费投入水平。创新经费投入包括 R&D 经费内部支出、R&D 经费外部支出、获得机器设备和软件经费支出、从外部获取相关技术经费支出。由于无法得到获得机器设备和软件经费支出的年度数据，本报告的创新经费投入包括 R&D 经费内部支出、R&D 经费外部支出、引进技术经费支出及购买国内技术经费支出。数据来源于《工业企业科技活动统计年鉴》。

2.R&D经费支出占主营业务收入比重

该指标反映企业 R&D 经费支出强度。计算方法为企业 R&D 经费内部支出／工业企业主营业务收入。其中，R&D 经费内部支出指调查单位在报告年度用于内部开展 R&D 活动的实际支出，包括用于 R&D 项目（课题）活动的直接支出，以及间接用于 R&D 活动的管理费、服务费、与 R&D 有关的基本建设支出及外协加工费等。数据来源于《工业企业科技活动统计年鉴》。

（二）创新人力

1.R&D人员占就业人员比重

该指标反映 R&D 人员投入强度。计算方法为企业 R&D 人员数／企业就业人员数。其中，R&D 人员指报告期企业内部从事 R&D 活动的人员，包括直接参加 R&D 项目活动的人员、R&D 项目管理人员，以及为 R&D 活动提供资料文献、材料、设备维护等直接服务的人员；就业人员采用工业企业平均用工人数。R&D 人员数来自《工业企业科技活动统计年鉴》，就业人员数来自《中国工业统计年鉴》。

2.企业R&D人员中硕士博士学历人员比重

该指标反映 R&D 人员的学历结构。其中，研究生包括博士、硕士毕业生。数据来源于《中国科技统计年鉴》。

（三）研发机构

1.有研发机构的企业占工业企业的比重

该指标反映企业研发机构的设置情况。计算方法为有研发机构的企业数／工业企业数。企业办研发机构是指企业自办或与外单位合办、在管理上同生产系统相对独立（或者单独核算）的专门研究开发机构。有研发机构的企业数能够反映企业R&D活动的组织载体情况。数据来源于《工业企业科技活动统计年鉴》。

2.研发机构R&D经费投入占企业R&D经费支出的比重

该指标反映研发机构的经费投入水平。计算方法为研发机构R&D经费投入／企业R&D经费内部支出。其中，研发机构R&D经费投入指报告期企业办研发机构用于内部开展研发活动实际支出的总费用，包括机构人员劳务费（含工资）支出、机构业务费支出、管理支出、固定资产购建支出及其他维持机构正常工作的日常费用等的支出总和。数据来源于《工业企业科技活动统计年鉴》。

（四）创新合作

1.创新合作企业占全部企业比重

该指标反映企业开展创新合作的活跃程度。创新合作是指企业与其他企业或机构共同开展产品或工艺创新活动，不包括纯外包项目，其反映企业创新活动的开放性。数据来源于《全国企业创新调查年鉴》。

2.企业R&D经费外部支出中高校和研究机构所占比重

该指标反映企业与高校、科研院所的合作水平。其中，R&D经费外部支出指报告期企业委托外单位或与外单位合作进行R&D活动而拨给对方的经费。R&D经费外部支出反映企业利用外部知识的能力。数据来源于《工业企业科技活动统计年鉴》。

（五）创新资源整合

1.购买国内技术经费支出与引进技术经费支出的比值

该指标反映国内企业的技术供应能力。其中，购买国内技术经费支出指企业在报告期购买国内其他单位科技成果的经费支出，包括购买产品设计、工艺流程、图纸、配方、专利、技术诀窍及关键设备的费用支出。引进技术经费支出指企业在报告期用于购买境外技术的费用支出，包括产品设计、工艺流程、图纸、配方、专利等技术资料的费用支出，以及购买关键设备、仪器、样机和样件等的费用支出。数据来源于《工业企业科技活动统计年鉴》。

2.消化吸收经费支出与引进技术经费支出的比值

该指标反映企业的技术消化能力。其中，消化吸收经费支出指为掌握、应用、复制引进技术而开展工作，以及在此基础上进行创新的经费支出。消化吸收经费支出包括人员培训费、测绘费、参加消化吸收人员的工资、工装、工艺开发费、必备的配套设备费、翻版费等。数据来源于《工业企业科技活动统计年鉴》。

（六）创新政策利用

1.使用来自政府部门的科技活动资金

该指标反映企业获得政府科技资金支持的能力。其中，使用来自政府部门的科技活动资金指企业在报告期使用的从政府有关部门得到的科技活动资金，包括纳入国家计划的中间试验费等。数据来源于《工业企业科技活动统计年鉴》。

2.研发费用加计扣除减免税

该指标反映企业获得税收优惠政策支持的能力。其中，研发费用加计扣除减免税指企业按有关政策和税法规定税前加计扣除的研究开发活动费用所得税。数据来源于《工业企业科技活动统计年鉴》。

（七）知识产权创造

1.每亿元R&D经费投入的专利申请量

该指标反映企业的知识产权生产效率。其中，R&D 经费指 R&D 经费内部支出。专利是专利权的简称，是发明创造经审查合格后，由国务院专利行政部门依据专利法授予申请人对该项发明创造享有的专有权。在我国，专利包括发明、实用新型和外观设计 3 种。数据来源于《工业企业科技活动统计年鉴》。

2.企业发明专利申请量占专利申请量的比重

该指标反映企业专利的质量水平。其中,发明专利是指对产品、方法或者其改进所提出的新的技术方案。发明专利的平均质量较实用新型、外观设计要高。数据来源于《工业企业科技活动统计年鉴》。

(八)知识产权保护

1.采取知识产权保护或相关措施的企业占全部企业的比重

该指标反映企业的知识产权保护水平。采取知识产权保护或相关措施主要包括申请发明专利、申请实用新型或外观设计专利、申请注册商标、进行版权登记、形成国家或行业技术标准、对技术秘密进行内部保护、应用难以复制的复杂技术、发挥时间上的先发优势。数据来源于《全国企业创新调查年鉴》。

2.万名企业就业人员商标拥有量

该指标反映企业的商标保护水平。商标拥有量指企业在报告期末拥有的注册商标件数,包括在境内和境外注册的商标件数。商标拥有量数据来自《工业企业科技活动统计年鉴》,就业人员数来自《中国工业统计年鉴》。

(九)知识产权运用

1.万名企业就业人员有效发明专利量

该指标反映企业的专利维持水平。其中,有效发明专利数指报告期末企业作为专利权人在报告期拥有的、经国内外知识产权行政部门授权且在有效期内的发明专利件数。有效发明专利数据来自《工业企业科技活动统计年鉴》,就业人员数来自《中国工业统计年鉴》。

2.专利所有权转让及许可收入

该指标反映企业基于知识产权的获利能力。其中,专利所有权转让与许可收入指报告年度调查单位向外单位转让专利所有权或允许专利技术由被许可单位使用而得到的收入,包括当年从被转让方或被许可方得到的一次性付款和分期付款收入,以及利润分成、股息收入等。数据来源于《工业企业科技活动统计年鉴》。

（十）创新价值实现

1.新产品销售收入占主营业务收入比重

该指标反映企业新产品的产出及利润实现能力。其中，新产品销售收入指企业销售新产品实现的收入总额。在填报不同新颖度新产品销售份额时，为了避免重复统计，按产品新颖度的最高档次填报。例如，某一项产品既是国际市场新产品，又是国内市场新产品时，只将该产品计入国际市场新产品份额。主营业务收入指企业在销售商品、提供劳务等日常活动中所产生的收入总额。数据来源于《工业企业科技活动统计年鉴》。

2.新产品出口占新产品销售收入比重

该指标反映企业新产品的国际影响力。其中，新产品出口收入指工业企业在报告期内将新产品出售给外贸部门用于出口和直接出售给外商所实现的销售收入。数据来源于《工业企业科技活动统计年鉴》。

（十一）市场影响力

1.进入国家阶段的PCT国际发明专利申请数

该指标反映我国主体专利申请的国际影响力。其中，PCT是专利合作条约的简称，其设立旨在方便申请人在国际上寻求对其发明的国际专利保护，帮助专利局做出专利授予决定，便利公众查阅这些发明中涉及的丰富技术信息。通过PCT提交一件国际专利申请，申请人可以同时在全世界148个国家寻求对其发明的保护。PCT体系只是一个申请系统，不进入国家阶段就不能获得专利权，进入国家阶段后，还需要接受初步审查、国家公布、实质审查、授权公告等环节。数据来源于世界知识产权组织（WIPO）。

2.境外注册商标数

该指标反映我国主体商标申请的国际影响力。境外注册商标数指企业在报告期末拥有的在国外或港澳台注册的商标件数。数据来源于《工业企业科技活动统计年鉴》。

(十二)经济社会发展

1.劳动生产率

该指标反映生产效率水平。计算方法为国内生产总值/就业人员数。数据来源于《中国统计年鉴》。

2.综合能耗产出率

该指标反映生产的绿色、低能耗程度。计算方法为国内生产总值/能耗消费总量。数据来源于《中国统计年鉴》。

历史篇　第三章

我国企业创新能力动态评价分析

我国企业创新能力涉及创新投入能力、协同创新能力、知识产权能力和创新驱动能力 4 个方面。2017 年，我国企业总体创新能力稳步增长，较 2011 年提升了 65.1%。创新经费投入继续稳步增长，创新人力和研发机构增长趋势明显；企业创新政策利用能力显著提升，但在创新合作和创新资源整合方面发展缓慢；企业知识产权运用能力和知识产权保护能力显著提高，知识产权创造能力近几年增长平缓；企业创新驱动能力明显增强，对经济社会发展的辐射力不断扩大。

一、企业创新能力指数的构建

企业创新能力指数是企业在创新投入能力、协同创新能力、知识产权能力及创新驱动能力 4 个方面信息的系统集成。在权重选择方面，参考国内外权威研究报告的方法，采用等权重方法构造整体指数。为了体现企业在各个维度创新方面的动态变化，并确保数据的可比性，即大部分企业创新指标的统计口径在 2011 年前后发生了变化，由大中型企业转向规模以上工业企业，报告以 2011 年的数据为基期（指数为 100.0），计算以后各年的相对创新表现。

二、企业创新能力总体评价

2017 年，企业创新能力指数比 2011 年增长了 65.1%。总体上，2011—2017 年，企业创新能力呈稳步增强态势。其中，2012 年、2016 年和 2017 年企业创新能力指数提升程度较大，增长率相较前一年均超过了 10%（图 3-1）。

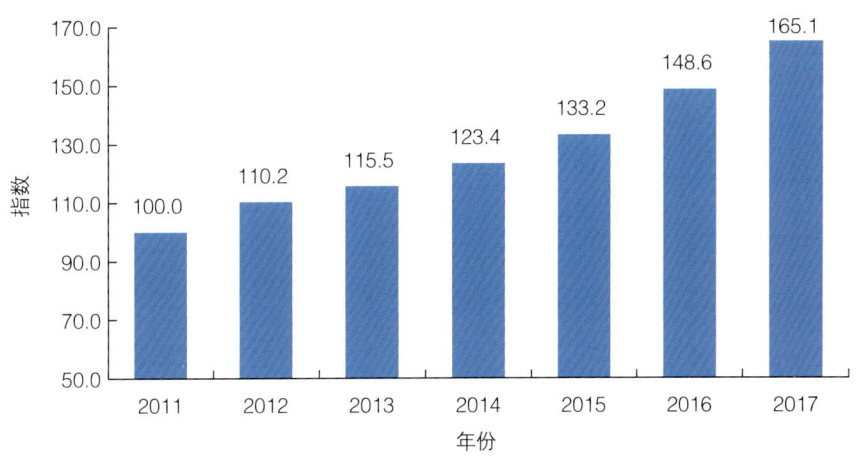

图3-1 企业创新能力总指数（2011—2017年）

2011年以来，企业各个维度的创新能力均有所提升，但提升步伐不一（图3-2）。截至2017年，知识产权能力指数提升幅度最大，较2011年增长了114.8%；其次为创新驱动能力指数，较2011年增长了69.2%；创新投入能力指数及协同创新能力指数分别居第3位、第4位，较2011年分别增长了63.2%及13.1%。

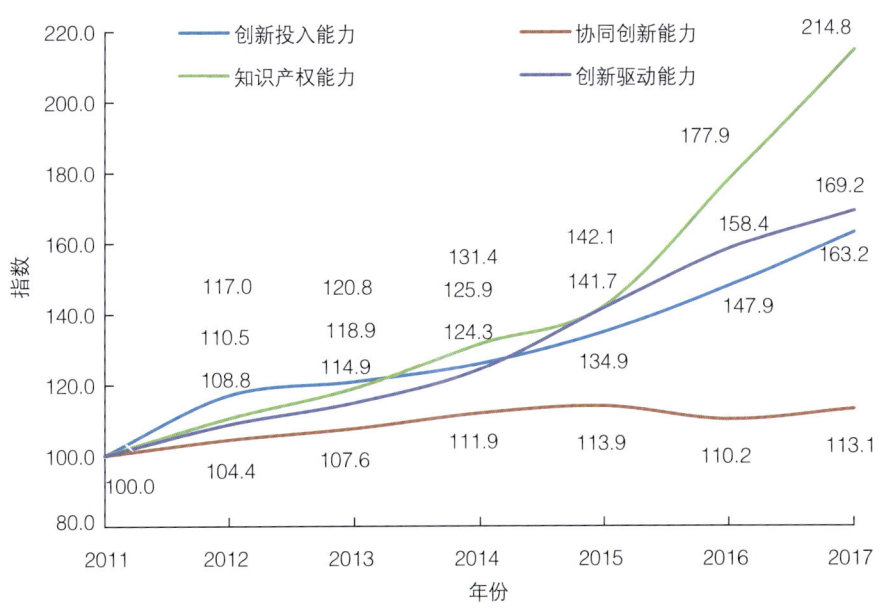

图3-2 企业创新能力分项指标指数（2011—2017年）

从2011—2017年的创新能力提升过程来看，创新投入能力指数在早期增长显著，

2012年增长了17.0%，2013年和2014年增长速度趋于平缓，2014年之后增长速度逐渐回升；知识产权能力指数自2012年就保持着稳定的上升趋势，并在2014年实现增长领跑，2015年增长速度进一步加快；创新驱动能力指数保持稳定的上升趋势，2015年赶超创新投入能力指数，2017年两者之间的差距与2015年基本持平。相比之下，协同创新能力指数增长较为缓慢，2012—2017年每年相对于2011年的增长率均维持在10%左右。

三、企业创新能力分项指标评价

（一）创新投入能力

2017年，企业创新经费及研发机构指标较2011年的增长幅度均超过60%，创新人力投入较2011年增长42.3%。创新经费呈稳步增长趋势，相较于2011年逐年增长10%左右；研发机构在2012年实现一定程度的飞跃，其后两年基本保持不变，自2015年增长速度逐渐加快，2017年该指标相较于2011年的增长幅度超过创新经费指数增长幅度，达到77.7%；创新人力的变化情况和研发机构基本类似，2012年增长较为明显，其后两年基本不变，2014年之后增长速度逐渐加快，与企业创新经费指标的增长趋势基本一致（图3-3）。

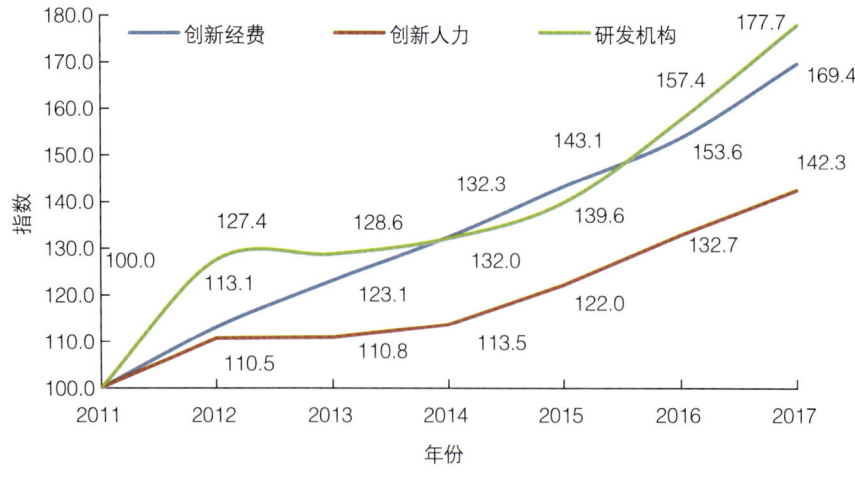

图3-3 企业创新投入能力分指数（2011—2017年）

1.创新经费投入迅速增长，R&D经费逐年增长但投入强度在1%左右

创新经费投入呈逐年上升趋势，从2011年的0.7万亿元上升到2017年的1.3万亿元，增长了89.7%。从年度创新经费增长率来看，2017年的增长速度有一定下降，但较2016年仍增长了8.8%。持续增长的创新经费总量投入，为后期的创新成果实现奠定了坚实基础（图3-4）。

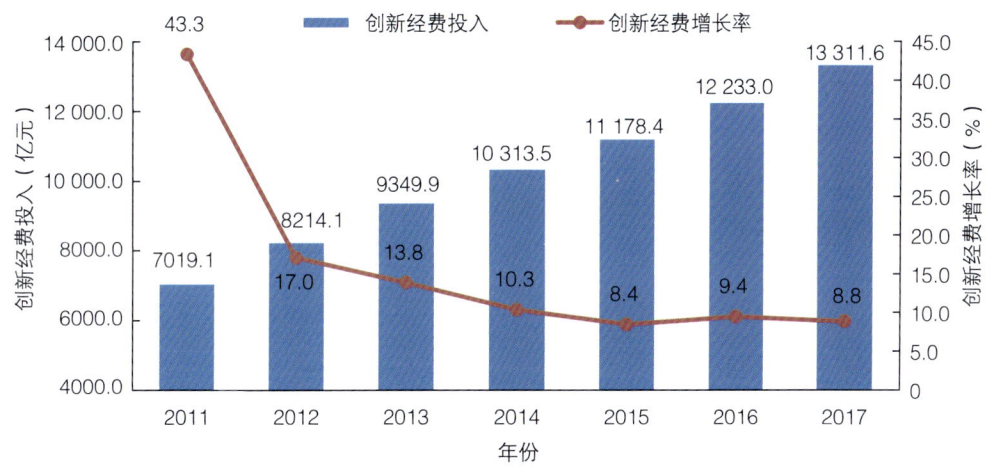

图3-4　企业创新经费投入（2011—2017年）

尽管创新经费总数庞大，但由于我国经济体量较大，R&D经费的投入强度还有待提升。我国企业2011—2016年R&D经费支出占主营业务收入比重均低于1%，2017年有所上升，达到1.1%。

2.企业R&D人员比重平稳增长，研究生占比超过10%

我国企业R&D人员占就业人员比重呈逐年上升趋势，由2011年的2.8%上升到2017年的4.5%；企业R&D人员中硕士博士学历人员比重呈波动上升趋势。2017年，企业R&D人员中硕士博士学历人员比重达到11.0%（图3-5）。

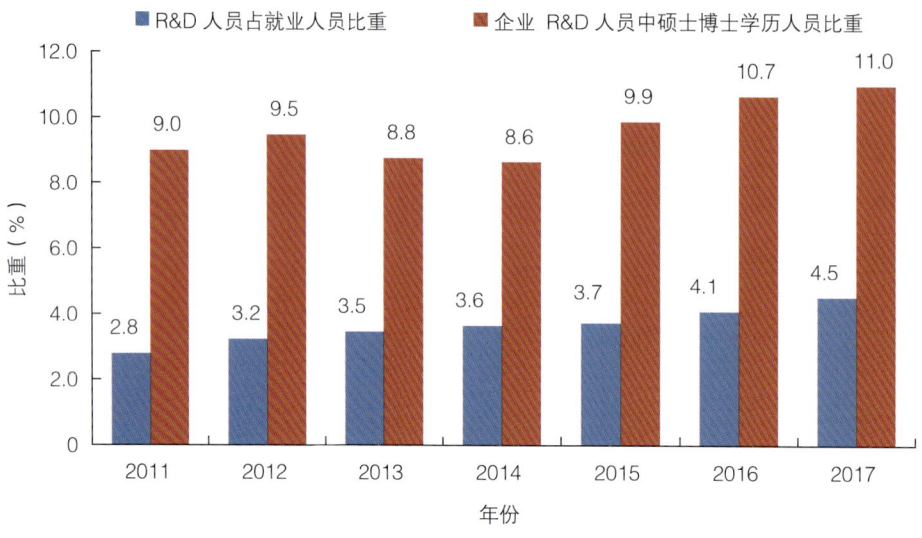

图3-5 企业R&D人员投入情况（2011—2017年）

3.有研发机构的企业占比不断上升，研发机构经费投入占比基本维持在70%

2011年，只有7.8%的企业拥有研发机构，这一比重到2017年上升至19.0%；研发机构R&D经费投入占企业R&D经费的比重基本维持在70.0%左右（图3-6）。

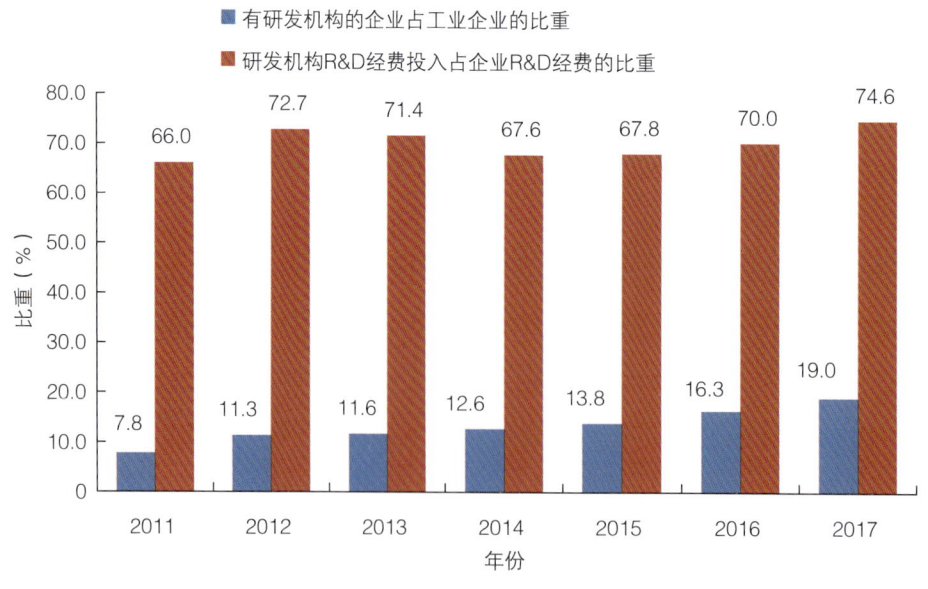

图3-6 企业研发机构设立情况（2011—2017年）

(二)协同创新能力

从反映协同创新能力的几个二级指数表现看,企业创新政策利用能力指数呈不断增强之势,2017年比2011年增长了76.6%;企业创新合作能力指数在2014年之前有轻微下降,2017年之前下降幅度增大,2017年为2011年的78.5%;创新资源整合能力指数在2012—2016年有所下降,但在2017年有所回升,2017年为2011年的84.2%。这表明我国企业在协同创新方面具有非同步性,创新合作开展能力及外部创新资源整合能力有待提升(图3-7)。

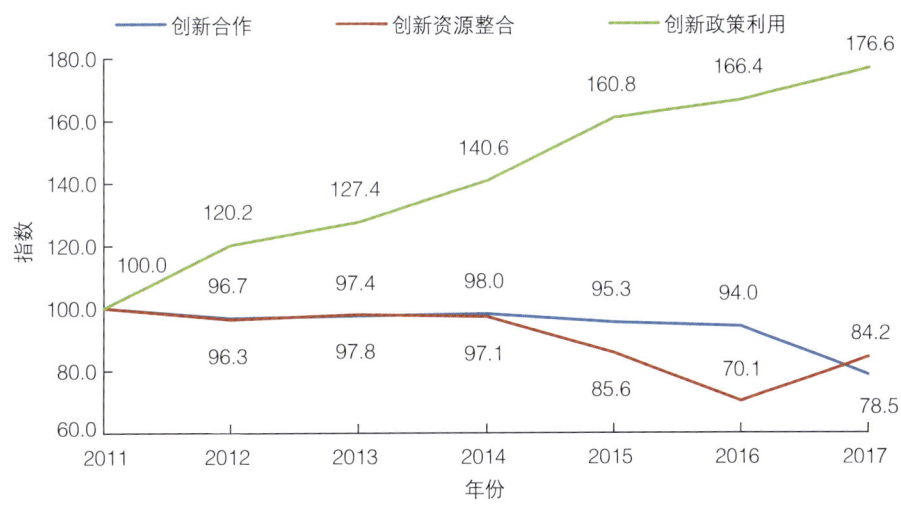

图3-7 企业协同创新能力分指数(2011—2017年)

1.企业外部研发经费支出中高校与研究机构所占比重2017年前维持在60%左右

我国企业外部研发经费支出中高校与研究机构所占比重在2017年前呈平缓下降趋势,2017年出现跳跃式下降。2011年企业R&D经费外部支出中高校和研究机构所占比重为62.5%,2012—2014年出现轻微波动,2015年和2016年维持在59%左右,2017年下降到了49.1%(图3-8)。

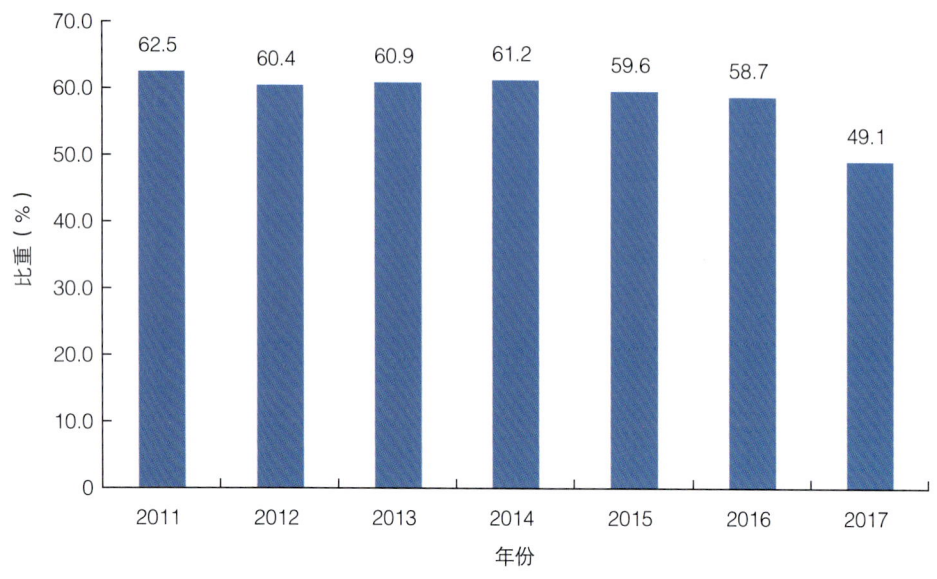

图3-8　企业R&D经费外部支出中高校和研究机构所占比重（2011—2017年）

2.企业购买国内外技术的经费平稳波动，消化吸收经费持续下降后出现回升

2011—2015年，企业购买国内技术经费支出与引进技术经费支出的比值呈上升趋势，从49.1%提高到55.5%，2016年出现了较明显的下降，为43.8%，2017年有所回升，为50.3%。企业消化吸收经费支出与引进技术经费支出的比值在2011—2016年持续下降，从45.0%降至23.0%，2017年回升到29.7%（图3-9）。从企业购买国外和国内技术的经费看，两者均呈现平稳波动的态势。引进国外技术经费支出从2011年的449.0亿元持续下降至2014年的387.5亿元，而后又持续上升到2016年的475.4亿元，2017年下降到399.3亿元。购买国内技术经费支出自2009年以来，一直在200亿~220亿元波动。与之形成对照的是，消化吸收经费支出从2011年的201.2亿元持续下降到2016年的109.2亿元，2017年略有上升，为118.5亿元。

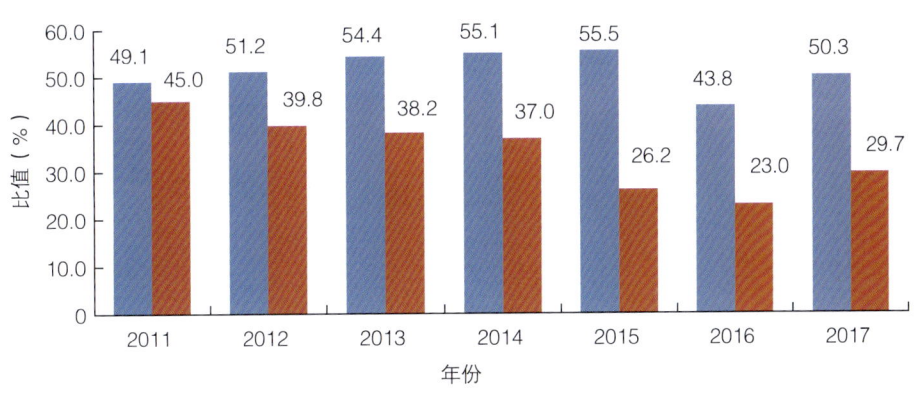

图3-9 企业创新资源整合情况（2011—2017年）

3.企业获得政府科技活动资金、研发费用加计扣除减免税呈上升趋势

2011—2015年，企业从政府获得的科技活动资金呈上升趋势，2011年企业获得的政府科技活动资金为374.2亿元，2015年增长到537.3亿元，2016年开始有所下降，2017年较2011年增长幅度为27.4%。2011年企业研发费用加计扣除减免税为252.4亿元，2017年增长至569.9亿元，增长了125.8%（图3-10）。这表明，一方面，我国政府为激励企业创新，在科技资金投入及减税方面做了许多工作，成效显著；另一方面，企业运用创新政策支持的能力不断增强。

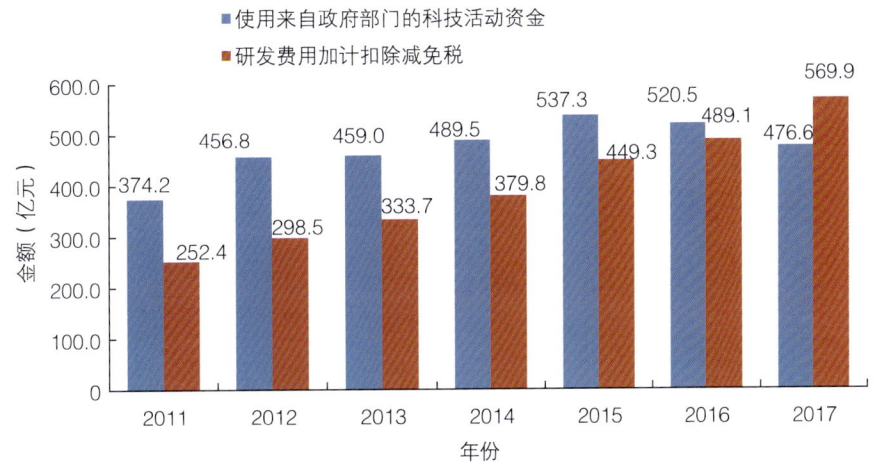

图3-10 企业创新政策利用情况（2011—2017年）

(三)知识产权能力

我国企业知识产权运用能力在2011—2017年提升迅速,2017年较2011年提升了208.3%。企业知识产权保护能力亦有较大幅提升,2017年较2011年增长了127.0%。相比之下,企业知识产权创造能力增长平缓,2017年较2011年仅增长9.0%(图3-11)。

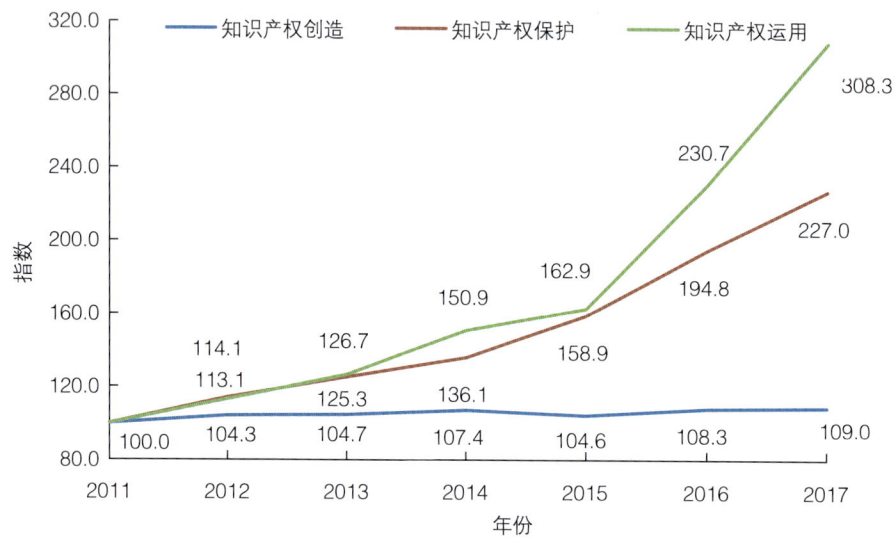

图3-11 企业知识产权能力分指数(2011—2017年)

1.每亿元R&D经费投入产专利数约66件

2011—2017年,我国企业每亿元R&D经费投入的专利申请量基本保持在66件左右。其中,2014年的产出水平最高,为68.1件,2015年降至最低水平的63.8件。同时,我国企业专利结构不断优化。企业发明专利申请量占专利申请量的比重由2011年的34.9%上升到2016年的40.2%,2017年稍有下降,为39.2%(图3-12)。

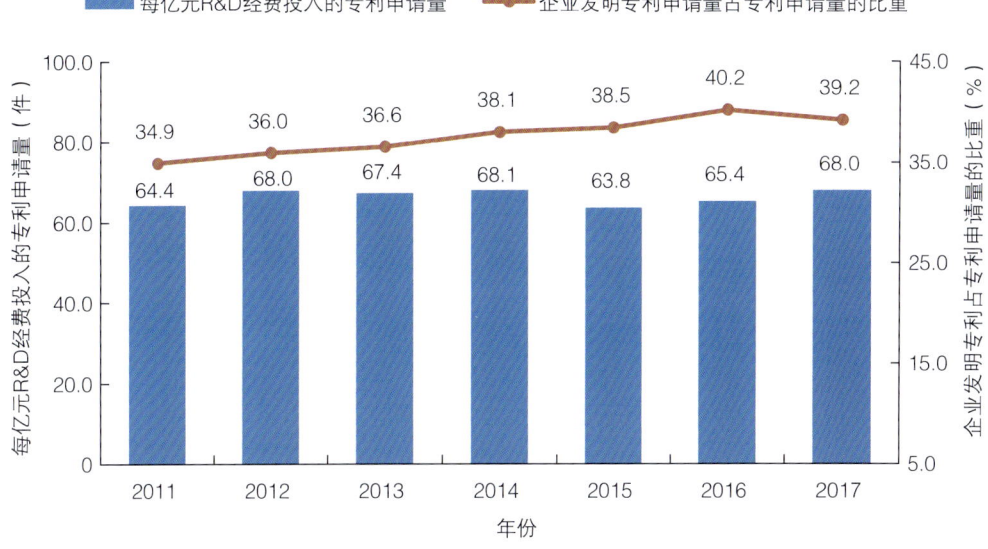

图3-12　企业发明专利申请（2011—2017年）

2.万名企业就业人员的有效发明专利量和商标拥有量逐年增长

2017年，万名企业就业人员有效发明专利量达到了104.3件，相较于2011年的21.9件增长了376.3%；万名企业就业人员商标拥有量也稳步上升，由2011年的27.9件上升至2017年的63.2件。对比两类知识产权成果可以发现，有效发明专利的提升更为迅猛。2013年，万名企业就业人员的有效发明专利量和商标拥有量相差无几，分别为34.3件和34.9件；2014年前者实现了对后者的赶超，增长到45.0件，而后者为37.9件；2017年万名企业就业人员有效发明专利量为104.3件，万名企业就业人员商标拥有量为63.2件，两者差距进一步加大（图3-13）。

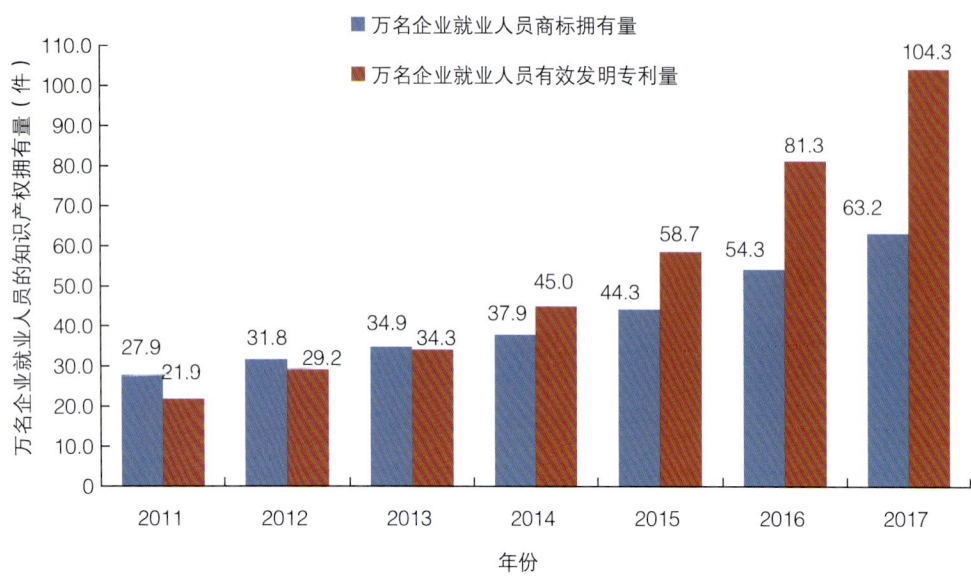

图3-13 万名企业就业人员的知识产权拥有量（2011—2017年）

3.专利市场活跃程度呈现波动性

2011年，我国企业专利所有权转让及许可收入为49.1亿元，2012年较上一年下降了7.0%，2015年下滑到2011年的58.2%，2017年出现明显回升，达到2011年的141.2%（图3-14）。

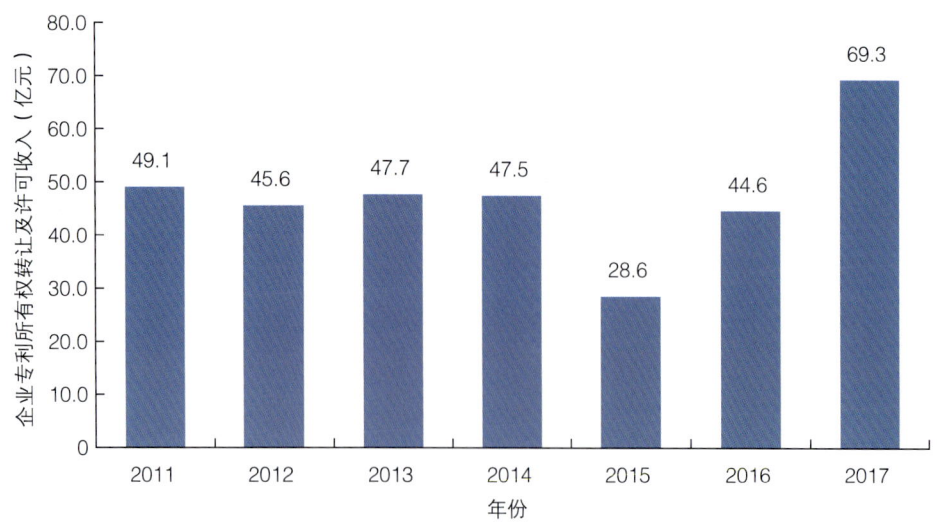

图3-14 企业专利所有权转让及许可收入情况（2011—2017年）

（四）创新驱动能力

市场影响力的扩大在很大程度上支撑了企业创新驱动能力的提升。2011—2014年，市场影响力保持着每年10%以上的增长速度，2015年后增长更为明显，2017年比2011年增长了133.6%。经济社会发展指标增长稳定，2017年较2011年增长了57.7%。创新价值实现的增长速度缓慢，2017年比2011年仅增长16.3%（图3-15）。

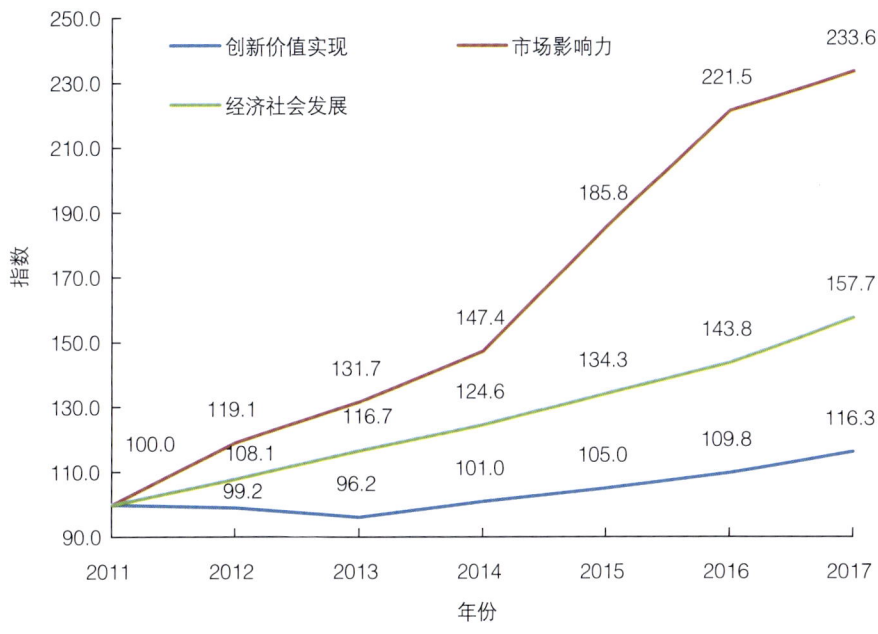

图3-15　企业创新驱动能力分指数（2011—2017年）

1.企业新产品产值及新产品出口占比基本平稳

我国企业新产品销售收入占主营业务收入比重在2011—2017年平缓上升，2017年达到16.9%；新产品出口占新产品销售收入比重则有升有降，2011年达到最高值20.1%，2017年为18.2%（图3-16）。

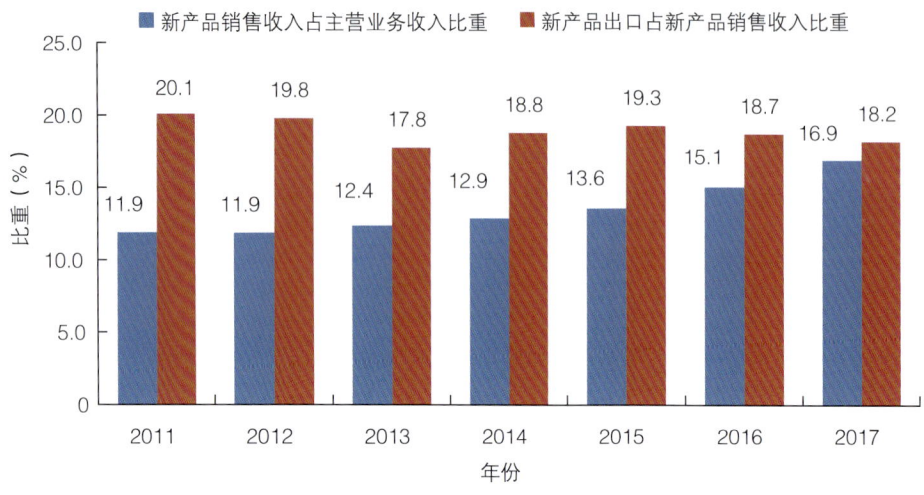

图3-16 企业新产品产出情况（2011—2017年）

2.基于知识产权的国际市场影响力不断增强

2011—2017年，我国企业PCT国际发明专利申请数及境外注册商标数均呈现不断增长的态势。其中，PCT国际发明专利申请数增长尤为明显。2011年，我国进入国家阶段的PCT国际发明专利申请数达到1.3万件，2017年增长至3.6万件，相较2011年增长了174.5%；2011年，我国企业境外注册商标数为4.6万件，2017年升至8.9万件，较2011年增长了92.7%（图3-17）。PCT国际发明专利申请数和境外注册商标数的平稳增长，将会极大增强我国企业的国际市场影响力。

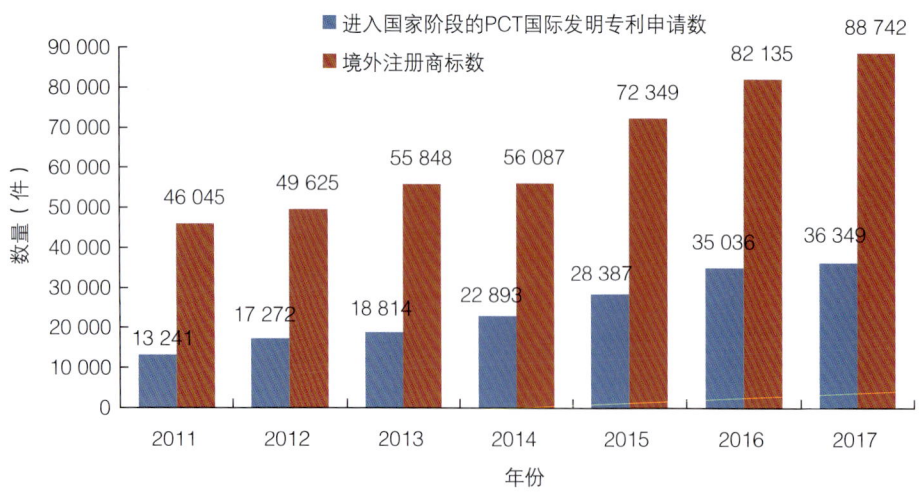

图3-17 企业PCT申请量和商标注册量（2011—2017年）

3.劳动生产率、综合能耗产出率呈不断增长之势

我国劳动生产率在2011—2017年呈现不断增长趋势。2011年的劳动生产率为6.3万元/人，2017年提升到10.7万元/人，增长了68.2%；同期，综合能耗产出率也不断增加，从2011年的1.3万元/吨标准煤上升到2017年的1.8万元/吨标准煤，增长了47.3%（图3-18）。这表明，企业创新成果的影响正深入渗透到经济社会发展各个领域，推动了经济社会效率提升。

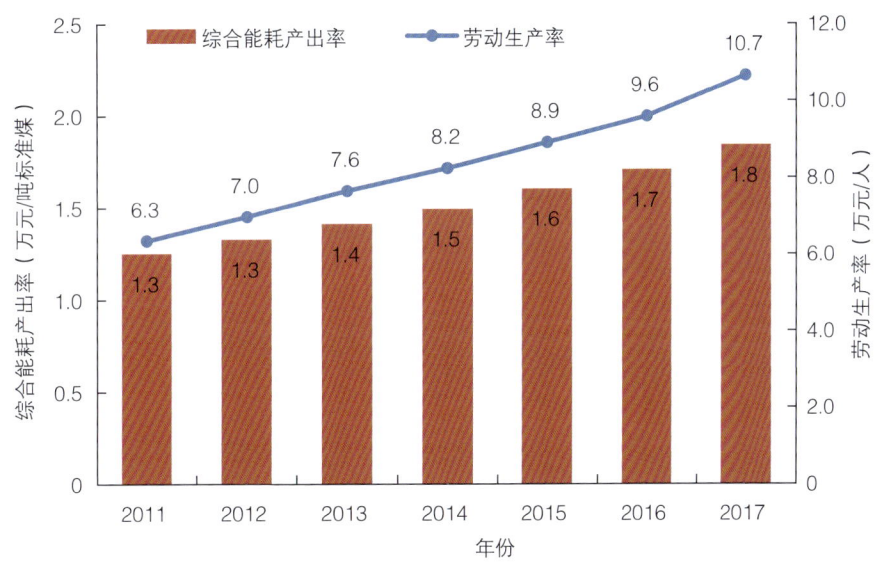

图3-18 我国综合能耗产出率及劳动生产率（2011—2017年）

第四章 国际篇

我国企业创新能力国际比较

在知识经济时代，企业的国际竞争力主要表现为卓越的研发和创新能力。从国际比较看，中国企业在创新活跃程度方面处于发展中国家前列，与发达国家相比还存在一定差距。中国企业在创新投入和协同创新能力方面已具有较强的国际竞争力，但创新驱动能力还有待提升，劳动生产率和单位能源消耗的经济产出明显落后于创新发达国家。中国的创新领军企业开始崛起，438 家企业入围欧盟产业研发投入记分牌前 2500 强，但仅有 3 家企业入围 2018 年全球创新机构百强。

一、创新活跃程度

（一）总体创新活跃程度

从全部企业中实现创新的企业所占比重看，瑞士（73.0%）、巴西（72.3%）和加拿大（68.6%）的企业占比较高，中国的比重为 37.1%。

分行业看，制造业中实现创新的企业占比较高的国家为瑞士（78.6%）、加拿大（74.8%）和巴西（72.6%），中国（47.2%）与丹麦（47.0%）、日本（47.8%）水平相当；服务业方面，实现创新的企业占比较高的国家有瑞士（69.2%）、巴西（68.9%）和加拿大（65.0%），中国（28.5%）与韩国（27.0%）相近。

（二）产品创新与工艺创新活跃程度

实现产品创新或工艺创新的企业占比较高的国家为澳大利亚（55.8%）、加拿大（53.4%）和比利时（52.9%），中国（22.6%）与西班牙（23.5%）相当；实现产品创新的企业占比较高的国家是瑞士（41.7%）和加拿大（40.4%），中国（17.2%）与巴西（18.1%）、克罗地亚（18.7%）水平相当；实现工艺创新的企业占比较高的国家有澳大利亚（39.5%）、比利时（38.8%）和爱尔兰（37.8%），中国（18.5%）与英国（17.9%）水平相当。

分行业看，制造业实现产品创新或工艺创新的企业占比较高的国家是加拿大、瑞士和德国，占比分别为63.2%、62.3%和60.7%，中国企业占比为35.2%，与印度（35.6%）水平相当；实现产品创新的企业占比较高的国家为瑞士、加拿大和爱尔兰，对应的占比分别为46.8%、46.1%和45.6%，中国企业占比为28.0%，与意大利（28.0%）水平相当；实现工艺创新的企业占比较高的国家有加拿大、比利时和爱尔兰，占比分别为48.0%、45.8%和45.7%，中国企业占比为28.7%，与德国（28.5%）水平相当。

服务业实现产品创新或工艺创新的企业占比较高的国家是比利时、加拿大和瑞士，占比分别为47.8%、47.6%和46.9%，中国企业占比为11.4%，与拉脱维亚（11.2%）、保加利亚（11.7%）水平相当；实现产品创新的企业占比较高的国家为澳大利亚、瑞士和加拿大，分别为39.7%、39.2%和37.0%，中国企业占比为8.1%，与西班牙（8.7%）水平相当；实现工艺创新的企业占比较高的国家为澳大利亚、爱尔兰和比利时，分别为41.8%、34.4%和34.0%，中国企业占比为9.2%，与匈牙利（8.6%）水平相当。

（三）组织创新与营销创新活跃程度

实现组织创新或营销创新的企业占比较高的国家是瑞士（62.6%）、卢森堡（55.3%）和爱尔兰（53.5%），中国（31.0%）与克罗地亚（32.1%）处于同一梯队；实现组织创新的企业占比较高的国家是巴西（58.1%）、卢森堡（47.0%）和瑞士（45.9%），中国（25.1%）与荷兰（25.2%）水平相当；实现营销创新的企业占比较高的国家是瑞士（50.5%）、巴西（41.7%）和爱尔兰（39.6%），中国（23.2%）与意大利（23.5%）、克罗地亚（23.6%）水平相当。

分行业看，制造业实现组织创新或营销创新的企业占比较高的国家是瑞士、爱尔兰和德国，占比分别为65.6%、58.1%和52.8%，中国企业占比为36.7%，与丹麦（36.5%）和葡萄牙（37.0%）水平相当；实现组织创新的企业占比较高的国家是巴西、瑞士和爱尔兰，对应的占比分别为58.0%、49.0%和47.3%，中国企业占比为

29.4%，与土耳其（29.2%）和冰岛（31.0%）水平相当；实现营销创新的企业占比较高的国家是瑞士、巴西和爱尔兰，对应的占比分别为52.6%、42.4%和41.1%，中国企业占比为28.9%，与冰岛（29.0%）、挪威（30.0%）水平相当。

服务业实现组织创新或营销创新的企业占比较高的国家是瑞士、卢森堡和爱尔兰，对应的占比分别为60.6%、56.1%和52.0%，中国企业占比为26.6%，与立陶宛（26.1%）和西班牙（26.4%）水平相当；实现组织创新的企业占比较高的国家是巴西、卢森堡和瑞士，对应的占比分别为58.7%、48.3%和43.7%，中国企业占比为21.1%，与西班牙（22.1%）水平相当；实现营销创新的企业占比较高的国家是瑞士、爱尔兰和以色列，对应的占比分别为49.2%、39.5%和36.6%，中国企业占比为19.7%，与捷克（19.7%）、英国（19.8%）水平相当。

二、企业创新投入与协同创新能力

（一）创新投入能力

1.我国企业R&D经费投入排名靠前

在研发经费投入方面，2017年，美国、中国及日本的企业R&D经费投入额较高，分别为3970.1亿美元、2021.1亿美元及1230.2亿美元。日本、韩国和中国企业投入的R&D经费占全国R&D经费的比例较高，分别为78.8%、79.4%和77.6%，美国的比例为73.1%。

2.我国企业R&D活动的人力投入及占比领先

在研发人力投入方面，2017年，中国企业遥遥领先于其他国家，共投入312.0万人年，排第2位、第3位的日本和俄罗斯分别投入60.3万人年和38.9万人年；从企业部门从事R&D活动人员占全部R&D活动人员比重看，中国、韩国及瑞典的比重较高，分别为77.4%、75.5%及71.7%。

（二）协同创新能力

从创新合作对象看，与供应商合作的企业占比较高的国家是爱沙尼亚（45.8%）、比利时（43.4%）和英国（40.1%），中国（36.4%）与斯洛伐克（39.6%）水平相当；与客户合作的企业占比方面，中国（42.8%）、英国（40.0%）和日本（30.0%）的占比较高；与高等学校或研究机构合作的企业占比方面，中国、芬兰和奥地利占比较高，分别为49.8%、23.0%和22.7%。

三、知识产权能力和创新驱动能力

（一）知识产权能力

1.中国有效专利的规模与日本、美国实力相当

2017年，日本有效专利占全球有效专利的比重为28.4%，居首位；其次为美国，比重达到25.2%；我国有效专利占全球有效专利的比重达到24.1，居第3位；之后为韩国（12.4%）和法国（2.8%）。这表明从专利创造来看，我国已经成为一个专利大国，量的优势开始凸显。

2.中国三方专利规模与日本、美国相比还有较大差距

2017年，日本的三方专利占全球的31.6%，居首位；其次为美国，占比达到25.8%；德国占比居第3位，为8.2%；中国三方专利占全球的比重为7.1%。这表明，我国企业的高质量专利创造水平与美国、日本等专利强国相比还有较大差距。

3.中国企业的PCT申请产出水平不高

中国的PCT申请总量已经位居世界前列，而从企业研究人员的产出水平角度看仍处于较落后的位置。2017年，卢森堡万名企业研究人员PCT专利申请数达到4354件；其次为瑞士，达到2050件；日本、荷兰及瑞典分别为967件、828件及789件；中国为463件。

（二）创新驱动能力

1.中国劳动生产率相对较低，在金砖国家中处于中等水平

2017年，爱尔兰的劳动生产率高达15.8万美元／人；卢森堡、挪威、瑞士分别为14.4万美元／人、14.3万美元／人、13.6万美元／人；中国的劳动生产率为1.6

万美元／人，低于俄罗斯（2.19万美元／人）、南非（2.16万美元／人）及巴西（1.8万美元／人），高于印度（0.4万美元／人）。

2.中国单位能源消耗的经济产出相对较低，在金砖国家中处于中上水平

2017年，单位能源消耗经济产出最高的国家为瑞士，高达27.7美元／千克标准油；其次为爱尔兰，达到21.8美元／千克标准油；丹麦、英国、卢森堡分别以18.8美元／千克标准油、16.0美元／千克标准油、15.5美元／千克标准油紧随其后；中国的单位能源消耗经济产出为3.6美元／千克标准油，全球排名相对落后。金砖国家中，中国低于巴西（5.9美元／千克标准油），高于俄罗斯（1.9美元／千克标准油）、南非（2.1美元／千克标准油）及印度（2.5美元／千克标准油）。

四、领军型创新企业国际比较

在企业创新能力国际对比方面，欧盟产业研发投入记分牌（The EU Industrial R&D Investment Scoreboard）、科睿唯安的全球创新机构百强排名及美国《福布斯》杂志的创新企业排名具有较高权威性。这3个榜单的评价标准分别侧重于创新投入、创新产出（主要用专利衡量）和创新绩效。

欧盟产业研发投入记分牌数据来自欧盟和全球主要企业每年的财务报表，主要包含全球排名前2500家企业的研发活动数据和欧洲排名前1000家企业的研发活动数据。评价标准包括研发支出、研发投入年增长率、销售净额、销售净额年增长率、研发投入强度、资本支出、资本支出年增长率、资本支出强度、运营利润、运营利润年增长率、盈利能力、员工人数、员工年增长率、市值、市值年增长率等指标。

2017年，全球研发投入前2500家企业来自40多个国家（地区）。其中，美国以778家企业位居榜首，中国大陆（438家）和日本（339家）分列第2位、第3位，其后是德国（135家）和英国（135家）（表4-1）。

表4-1 全球产业研发投入2500强企业的国家（地区）分布（2017年）

国家/地区	入围企业数（家）	国家/地区	入围企业数（家）
美国	778	巴西	7
中国大陆	438	新加坡	6
日本	339	卢森堡	5
德国	135	土耳其	4
英国	135	新西兰	3
中国台湾地区	99	俄罗斯	3
法国	75	希腊	2
韩国	70	葡萄牙	2
瑞士	59	沙特阿拉伯	2
荷兰	40	伊拉克	2
瑞典	36	马来西亚	2
印度	31	马耳他	1
丹麦	30	斯洛文尼亚	1
加拿大	28	波兰	1
意大利	24	阿根廷	1
爱尔兰	24	阿联酋	1
以色列	21	列支敦士登	1
芬兰	18	委内瑞拉	1
奥地利	16	墨西哥	1
比利时	16	匈牙利	1
西班牙	15	南非	1
澳大利亚	14	泰国	1
挪威	9	冰岛	1

数据来源：The EU Industrial R&D Investment Scoreboard 2018。

从入围企业的产业分布看，制药和生物技术产业机构最多，占15.8%；其次为技术硬件和设备（10.8%）、软件和计算机服务（10.7%）；电子电气设备占9.6%；工业工程、汽车及配件、化学制品分别占7.6%、6.1%和5.2%；一般工业、保健设备和服务、建筑和材料分别占3.6%、3.6%和2.7%（表4-2）。

表4-2 全球产业研发投入2500强企业的技术领域分布（2017年）

技术领域	入围企业数（家）	技术领域	入围企业数（家）
制药和生物技术	395	一般零售商	24
技术硬件和设备	269	旅游和休闲	24
软件和计算机服务	268	媒体	24
电子电气设备	240	移动通信	18
工业工程	190	金融服务	18
汽车及配件	152	天然气、水	15
化学制品	129	固定线路电信	14
一般工业	90	房地产投资与服务	14
保健设备和服务	90	矿业	13
建筑和材料	67	林业与造纸	10
食品生产	54	石油设备、服务和分销	10
航空航天与国防	51	可替代能源	9
个人物品	46	饮料	8
家居用品及家居	46	工业运输	7
工业金属和采矿	43	烟草	5
休闲用品	38	食品和药品零售	4
支持服务	30	人寿保险	4
石油和天然气生产	27	非人寿保险	3
银行	25	非股权投资工具	1
电力	25		

数据来源：The EU Industrial R&D Investment Scoreboard 2018。

自 2011 年起，科睿唯安公司通过对创新机构专利数据进行深度挖掘，每年遴选出全球百强创新机构。入围全球百强创新机构需要满足专利量多质高两个条件。首先，只有在最近 5 年中拥有至少 100 件专利的机构才被纳入遴选范围；其次，反映专利质量的指标构成重要的遴选标准，包括专利授权率、全球化和影响力。2018 年，日本有 39 家机构入围，美国有 33 家机构入围，法国有 7 家机构入围，分别居前 3 位；德国有 4 家机构入围，中国台湾地区、瑞士、韩国分别有 3 家机构入围，荷兰有 2 家机构入围，俄罗斯、芬兰、瑞典分别有 1 家机构入围。相比之下，中国大陆仅有 3 家企业入围（表 4-3）。从历年入围企业看，中国大陆企业华为曾 4 次上榜，比亚迪和小米是 2018 年新入围企业。这表明，缺少具有国际竞争力的专利创造主体，是我国建设专利强国的短板。

表4-3　全球创新百强机构的国家及地区分布（2018年）

国家/地区	入围机构数/家	国家/地区	入围机构数/家
日本	39	瑞士	3
美国	33	韩国	3
法国	7	荷兰	2
德国	4	俄罗斯	1
中国大陆	3	芬兰	1
中国台湾地区	3	瑞典	1

数据来源：Clarivate top100 Global Innovators Report 2018。

从入围机构的产业分布看，表现出明显的产业集聚特征。五金与电子产业机构最多，占 35%；其次为制造与医疗（15%）、化学制品与化妆品（10%）；汽车占 7%；航空航天与国防、家庭用品、软件均占 6%，电信、制药分别占 5%、4%，石油天然气能源、机构和政府研究占比均为 3%。

美国《福布斯》杂志以企业 12 个月的销售额增长、5 年期平均年回报率、创新溢价等指标表征创新能力，对企业进行排名。2018 年，在最具创新能力的 100 家企业中，美国有 51 家企业入围，优势明显；其次为日本和中国，均有 7 家企业入围；其后分别为法国（5 家）、英国（5 家）、印度（5 家）、韩国（4 家）、荷兰（3 家）、爱尔兰（2 家）；此外，芬兰、瑞典、西班牙、俄罗斯等 11 个国家均有 1 家企业入围（表4-4）。

表4-4　《福布斯》最具创新能力100强企业的国家分布（2018年）

国家	入围企业数（家）	国家	入围企业数（家）
美国	51	瑞典	1
日本	7	西班牙	1
中国	7	俄罗斯	1
法国	5	加拿大	1

续表

国家	入围企业数（家）	国家	入围企业数（家）
英国	5	泰国	1
印度	5	印度尼西亚	1
韩国	4	智利	1
荷兰	3	巴西	1
爱尔兰	2	比利时	1
芬兰	1	意大利	1

数据来源：https://www.forbes.com/innovative-companies/list/。

分技术领域看，2018年，软件与服务，食品、饮料和烟草，家庭和个人用品领域的入围企业分列前3位，分别有19家、12家和12家；其次为制药、生物技术和生命科学，零售业，保健设备和服务，分别有9家、8家、8家企业入围；资本货物、消费服务、商业与专业服务均有5家及以上企业入围（表4-5）。

表4-5 《福布斯》最具创新能力100强企业的技术领域分布（2018年）

技术领域	入围企业数（家）	技术领域	入围企业数（家）
软件与服务	19	材料	3
食品、饮料和烟草	12	耐用消费品和服装	2
家庭和个人用品	12	汽车及零部件	2
制药、生物技术和生命科学	9	半导体和半导体设备	2
零售业	8	技术硬件和设备	2
保健设备和服务	8	媒体	1
资本货物	7	交通运输	1
消费服务	5	食品和主食零售	1
商业与专业服务	5	电信服务	1

数据来源：https://www.forbes.com/innovative-companies/list/。

2018年《福布斯》创新能力榜单中，我国入围的7家企业包括：腾讯排名第25位；携程排名第28位；洛阳钼业、百度、江苏恒瑞制药分别排第43位、第45位和第64位；海康威视、中国船舶重工分别排在第90位和第91位。这7家企业分布在软件服务、零售、材料、医药、资本品、技术硬件和设备等领域。

区域篇 第五章

我国区域企业创新能力比较分析

我国区域间企业创新能力表现出明显差异。从 20 项创新能力评价指标看，2017年，8 个省（区、市）拥有 10 项以上超过全国平均水平的指标，部分省（区、市）超过全国平均水平的指标不足 2 项。全国领先的创新型省（区、市）表现突出。江苏、广东和浙江均有 17 项以上超过全国平均水平的指标。区域领先的创新型省（区、市）初步涌现。安徽有 19 个指标超过中部地区平均水平，重庆有 16 个指标超过西部地区平均水平。

一、指标选择及分析方法说明

本章选取创新合作企业占全部企业比重、工业企业 R&D 经费内部支出占主营业务收入比重、有国际市场新产品工业企业占产品创新工业企业比重、有创新战略目标企业占全部企业比重等 20 个指标，对企业创新能力进行区域比较分析。这些指标一方面可以较好地反映 2017 年企业创新调查的核心信息；另一方面可实现对连续性、国际可比性良好的年鉴资料的有效利用。在进行省（区、市）间企业创新能力对比时，本章采用两个评价视角：一是各省（区、市）各指标与全国平均水平的对比，以反映该省（区、市）企业相对于全国的创新水平；二是各省（区、市）各指标与所在地区（东部、中部、西部及东北地区）平均水平的对比，以反映该省（区、市）企业在该区域的相对创新水平。

由于指标的量纲不一致，本章采用柱状图的形式呈现省（区、市）各指标与全国（地区）的相对值；鉴于有些省（区、市）相关指标多倍于全国（地区）平均水平，我们以 1.2 为界对柱长做了截尾处理，并在柱条中标明各省（区、市）及全国（地区）在相应指标上的实际取值。

二、各地区企业创新能力分析

1.北京

北京有 12 个指标高于全国平均水平,在万名工业企业就业人员有效发明专利量、工业企业 R&D 人员占就业人员比重和工业企业主营业务收入利润率方面优势明显,分别达到全国平均水平的 332.4%、163.3% 和 147.7%;相较而言,在企业研发费用加计扣除减免税占企业 R&D 经费支出比重、实现营销创新企业占全部企业比重方面还有上升空间,目前分别为全国平均水平的 79.2%、83.1%(图 5-1)。

北京有 10 个指标高于东部地区平均水平,在万名工业企业就业人员有效发明专利量、工业企业主营业务收入利润率方面表现突出,分别达到地区平均水平的 263.8%、145.0%;相较而言,在有研发机构工业企业占工业企业比重、企业研发费用加计扣除减免税占企业 R&D 经费支出比重方面还有待加强,目前分别为地区平均水平的 67.1%、74.4%(图 5-2)。

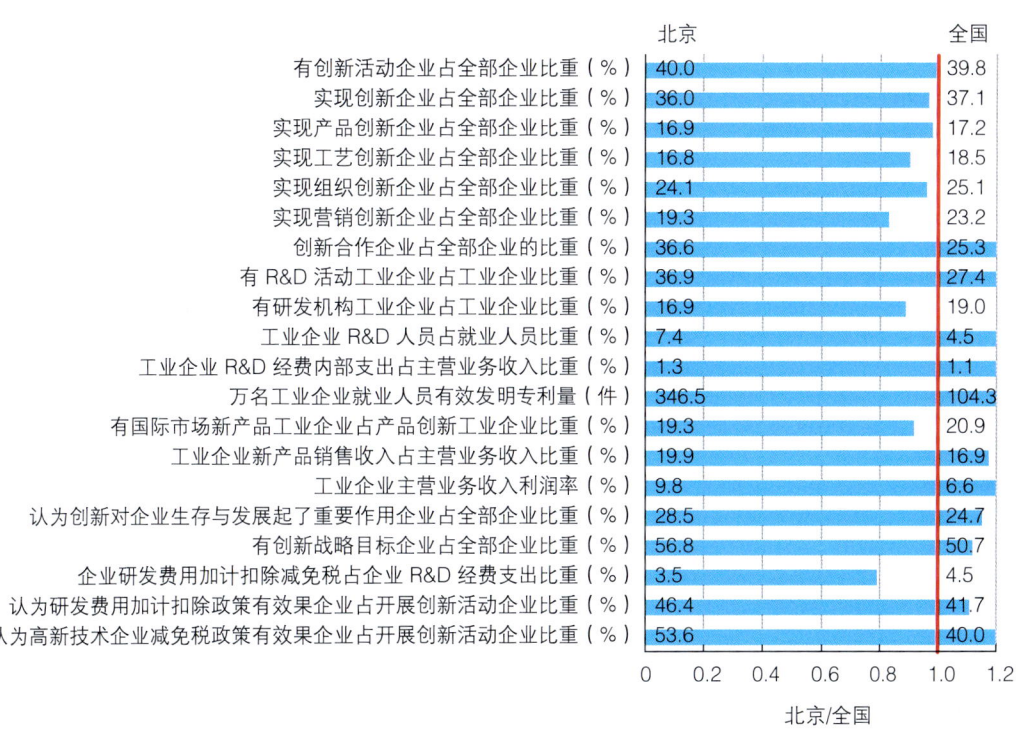

图5-1 北京企业创新能力:与全国对比

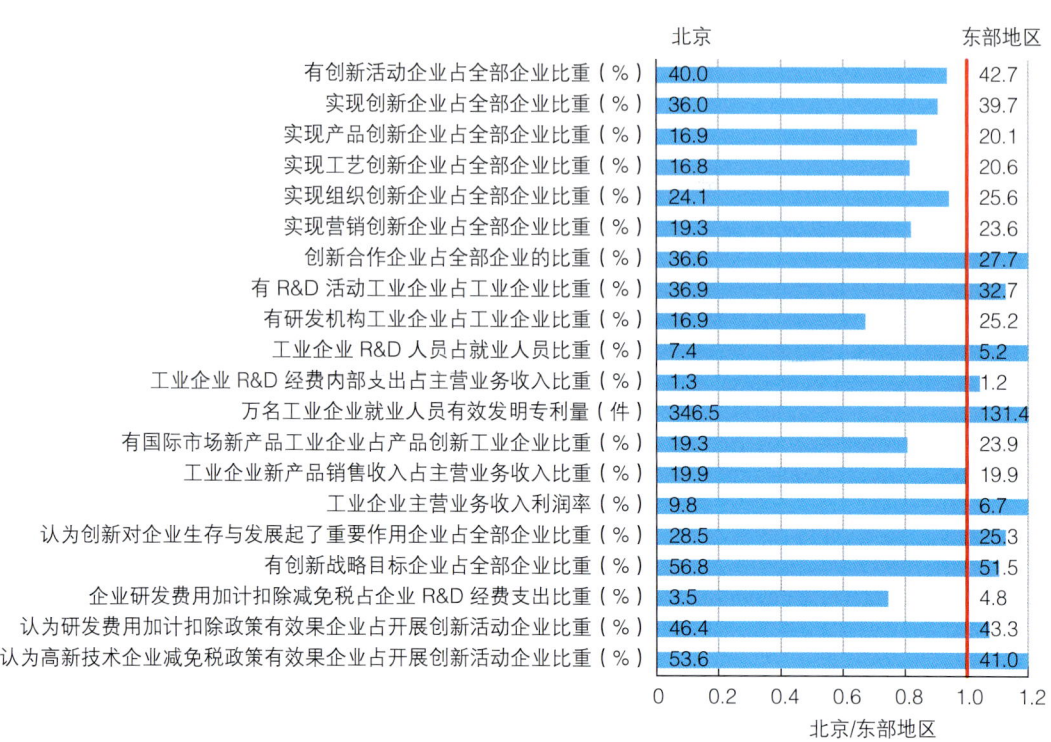

图5-2 北京企业创新能力：与东部地区对比

2.天津

天津有7个指标高于全国平均水平，在万名工业企业就业人员有效发明专利量、工业企业新产品销售收入占主营业务收入比重和有R&D活动工业企业占工业企业比重方面优势明显，分别达到全国平均水平的203.7%、150.0%和145.8%；相较而言，在有研发机构工业企业占工业企业比重及实现营销创新企业占全部企业比重方面还有待提高，目前分别为全国平均水平的57.1%、82.4%。2017年，天津高于全国平均水平的指标个数较2016年减少5个，主要是因为有创新活动企业占全部企业比重、实现创新企业占全部企业比重、实现产品创新企业占全部企业比重、实现工艺创新企业占全部企业比重、实现组织创新企业占全部企业比重、实现营销创新企业占全部企业比重、工业企业主营业务收入利润率7个指标由2016年高于全国平均值转变为低于全国平均值，而创新合作企业占全部企业比重、有国际市场新产品工业企业占产品创新工业企业比重2个指标由2016年低于全国平均值转变为高于全国平均值（图5-3）。

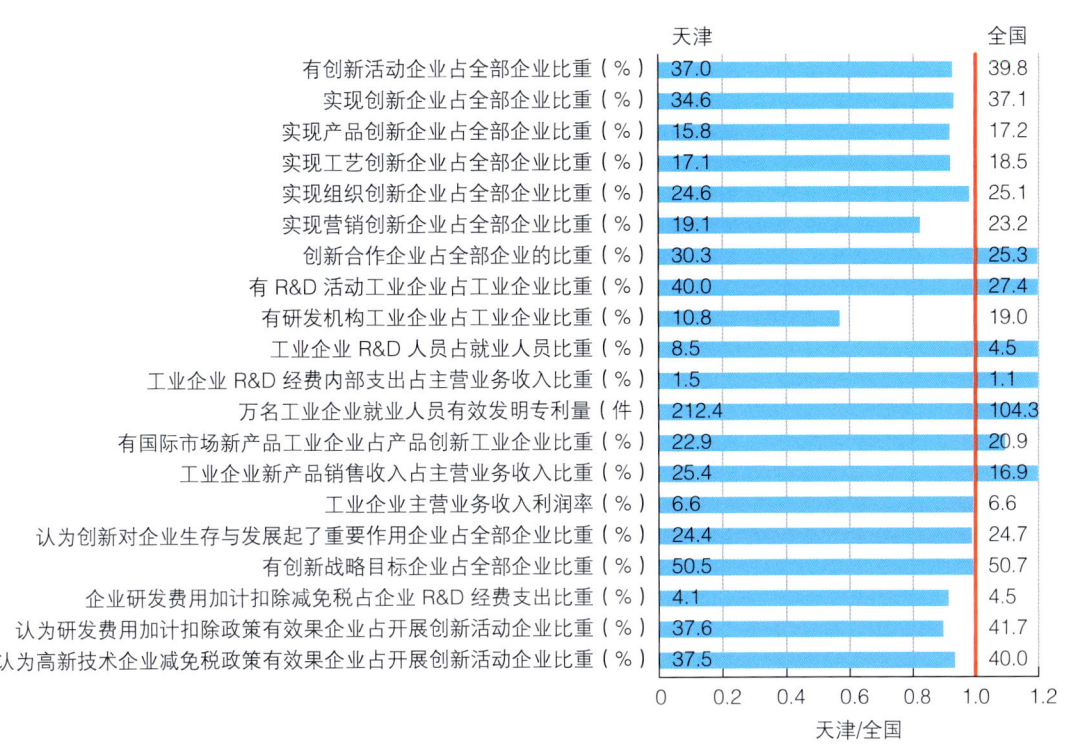

图5-3 天津企业创新能力：与全国对比

天津有6个指标高于东部地区平均水平，在工业企业R&D人员占就业人员比重、万名工业企业就业人员有效发明专利量方面表现突出，分别达到地区平均水平的163.7%、161.7%；相较而言，在有研发机构工业企业占工业企业比重方面还存在较大不足，仅为地区平均水平的43.0%。2017年，天津高于地区平均水平的指标个数较2016年减少5个，主要是因为有创新活动企业占全部企业比重、实现创新企业占全部企业比重、实现工艺创新企业占全部企业比重、实现组织创新企业占全部企业比重、实现营销创新企业占全部企业比重、工业企业主营业务收入利润率6个指标由2016年高于地区平均值转变为低于地区平均值，而创新合作企业占全部企业比重由2016年低于地区平均值转变为高于地区平均值（图5-4）。

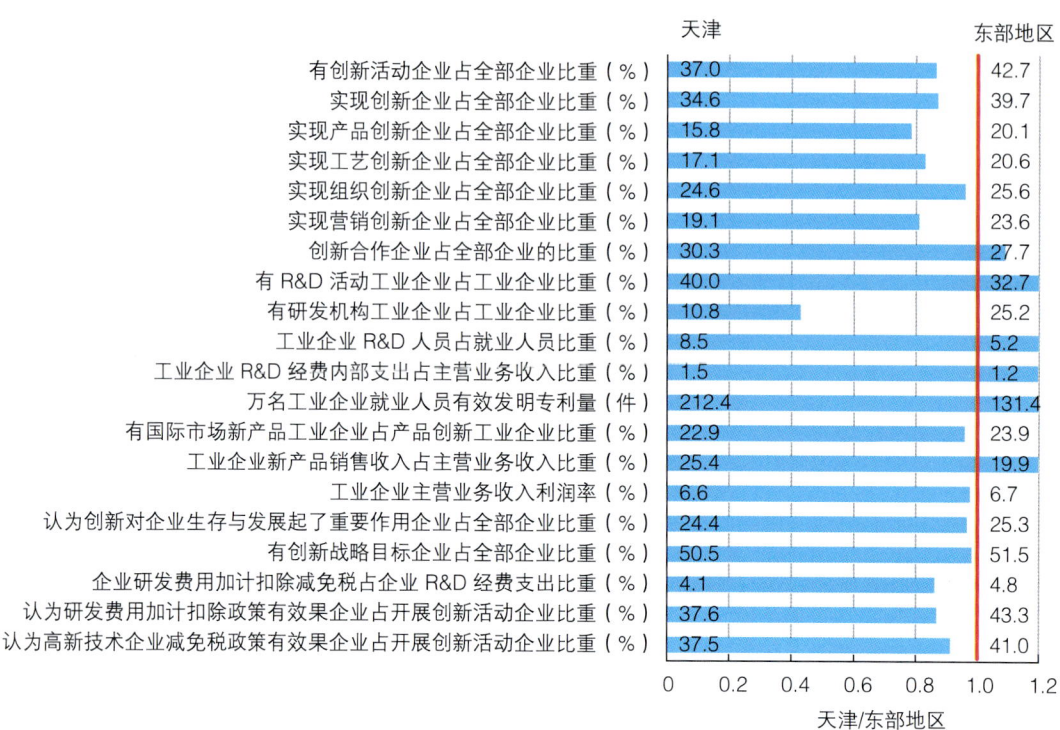

图5-4 天津企业创新能力：与东部地区对比

3.河北

河北有 1 个指标（实现创新企业占全部企业比重）高于全国平均水平，为后者的 100.2%；相较而言，在万名工业企业就业人员有效发明专利量、有研发机构工业企业占工业企业比重方面还存在较大的上升空间，分别仅为全国平均水平的 42.0% 和 42.1%。2017 年，河北高于全国平均水平的指标个数较 2016 年减少 4 个，分别是有创新活动企业占全部企业比重、实现组织创新企业占全部企业比重、实现营销创新企业占全部企业比重、有创新战略目标企业占全部企业比重（图 5-5）。

河北所有指标均低于东部地区平均水平，在工业企业主营业务收入利润率、实现组织创新企业占全部企业比重方面表现相对较好；但在万名工业企业就业人员有效发明专利量、有 R&D 活动工业企业占工业企业比重方面存在较大不足，分别仅为地区平均水平的 33.3%、45.8%（图 5-6）。

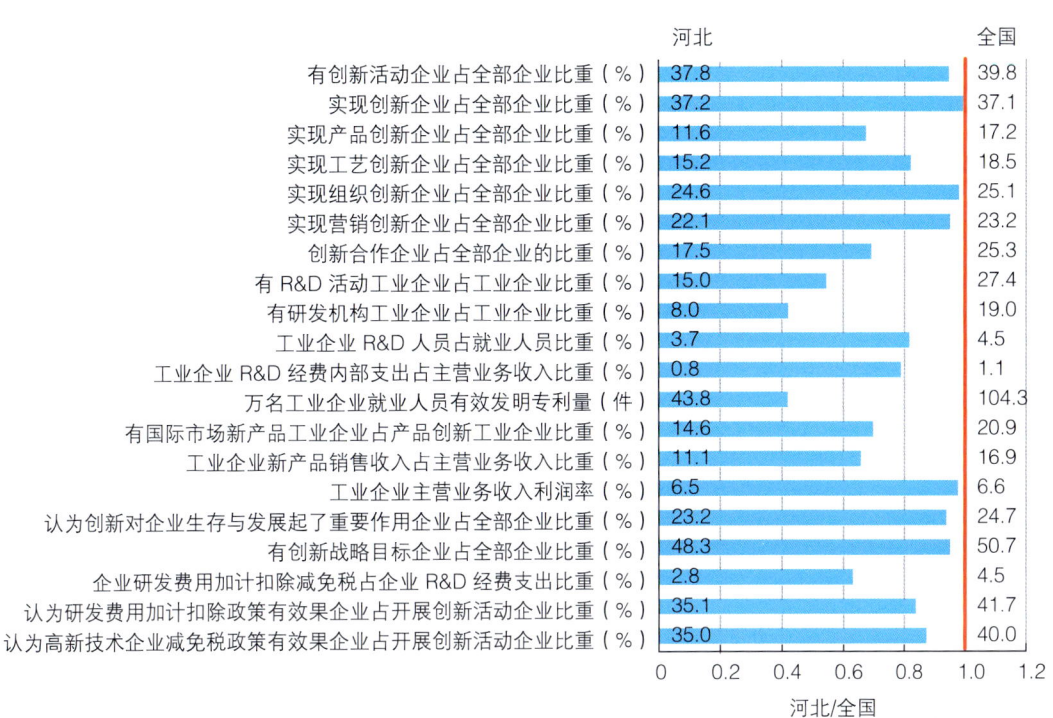

图5-5　河北企业创新能力：与全国对比

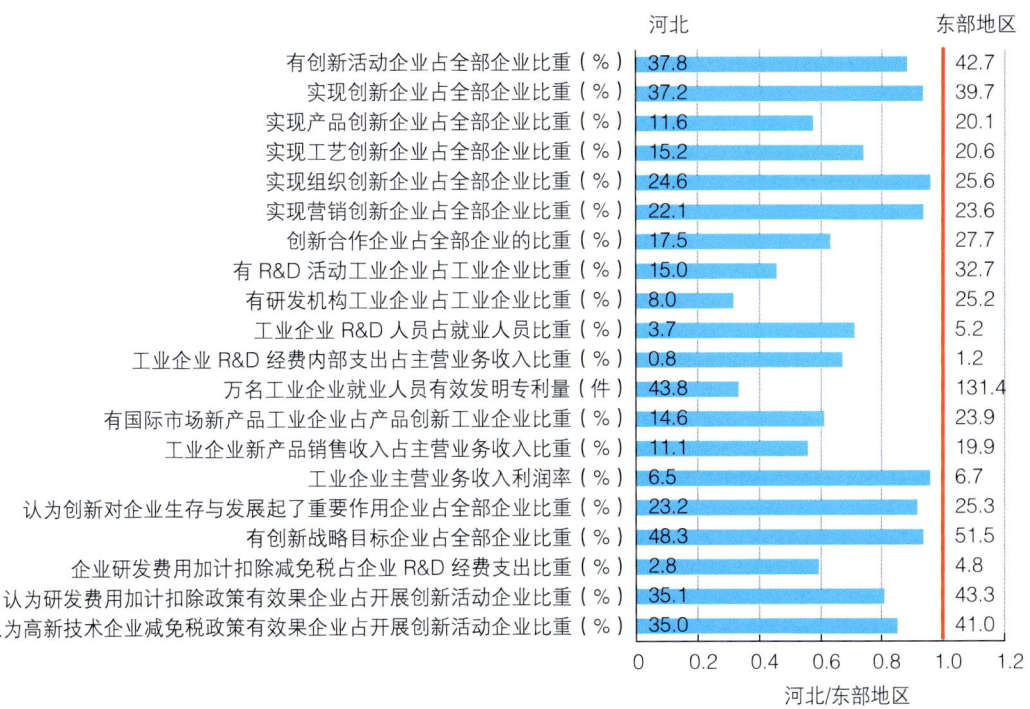

图5-6　河北企业创新能力：与东部地区对比

4.山西

山西所有指标均低于全国地区平均水平，在企业研发费用加计扣除减免税占企业R&D经费支出比重、有创新战略目标企业占全部企业比重方面表现相对较好；但在万名工业企业就业人员有效发明专利量、实现产品创新企业占全部企业比重方面存在较大不足，分别仅为地区平均水平的32.4%、38.5%（图5-7）。

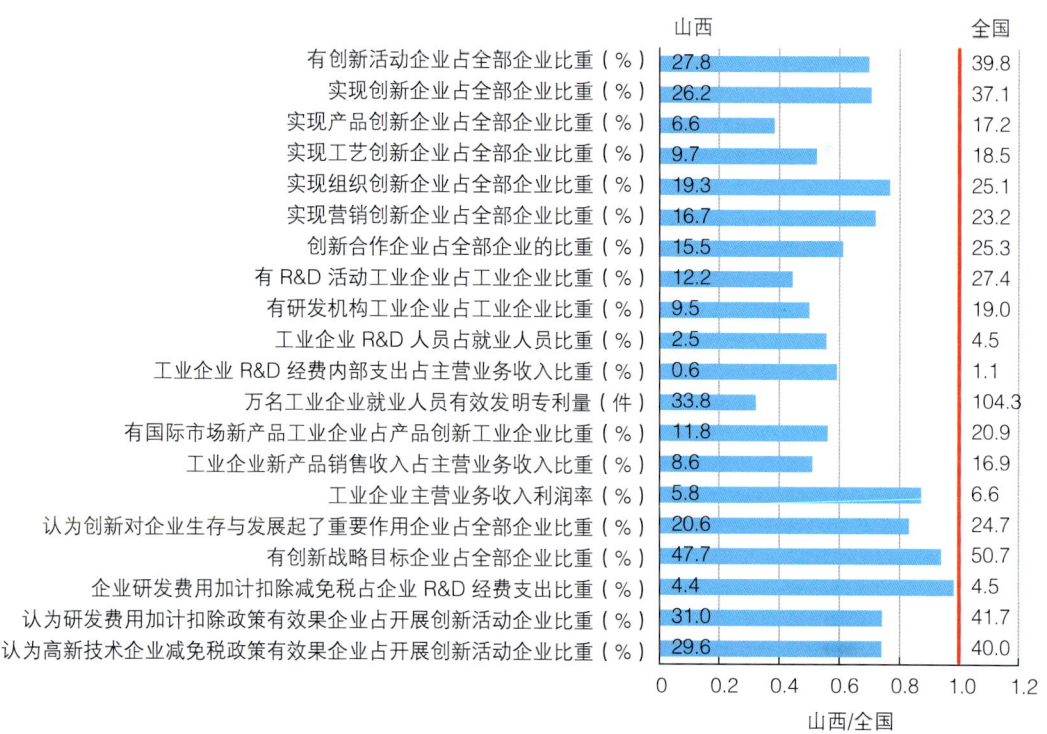

图5-7 山西企业创新能力：与全国对比

山西有1个指标（企业研发费用加计扣除减免税占企业R&D经费支出比重）高于中部地区平均水平，为后者的103.9%；相较而言，在实现产品创新企业占全部企业比重方面还有较大的上升空间，目前仅为地区平均水平的45.8%（图5-8）。

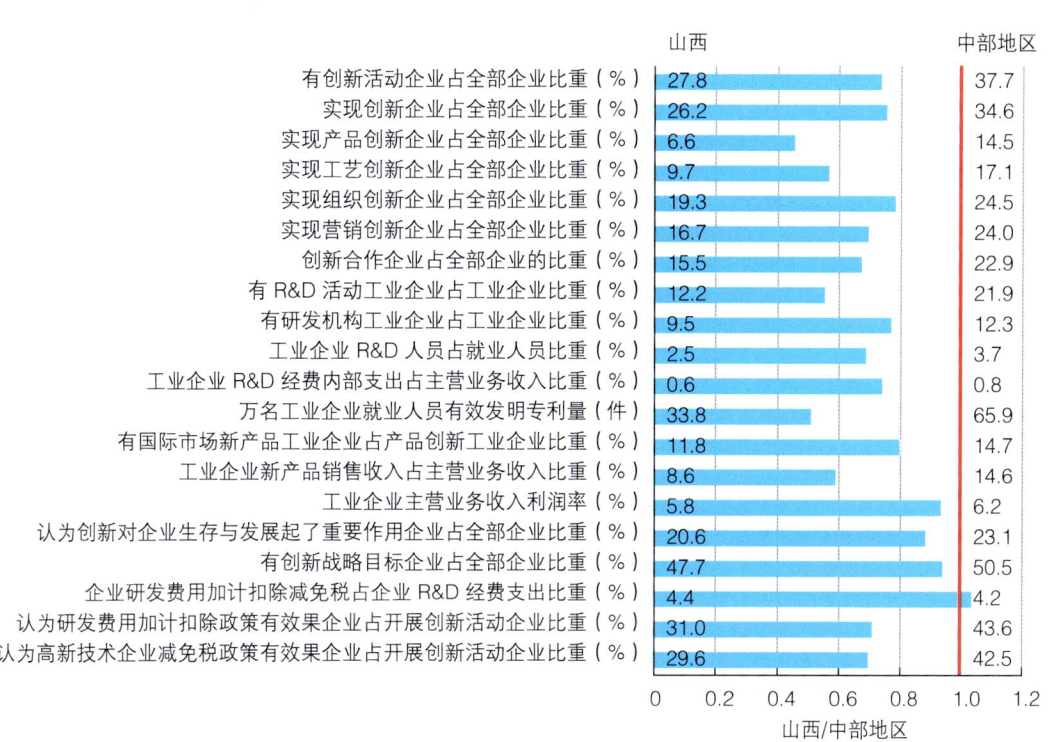

图5-8 山西企业创新能力：与中部地区对比

5.内蒙古

内蒙古有1个指标（工业企业主营业务收入利润率）高于全国平均水平，为后者的157.6%；相较而言，在有研发机构工业企业占工业企业比重、企业研发费用加计扣除减免税占企业R&D经费支出比重和实现产品创新企业占全部企业比重方面存在较大的上升空间，目前分别仅为全国平均水平的22.4%、27.5%和32.6%（图5-9）。

内蒙古有3个指标高于西部地区平均水平，其中工业企业主营业务收入利润率为地区平均水平的140.5%；相较而言，在企业研发费用加计扣除减免税占企业R&D经费支出比重、实现产品创新企业占全部企业比重方面仍存在较大的上升空间，目前分别仅为地区平均水平的37.8%、46.2%（图5-10）。

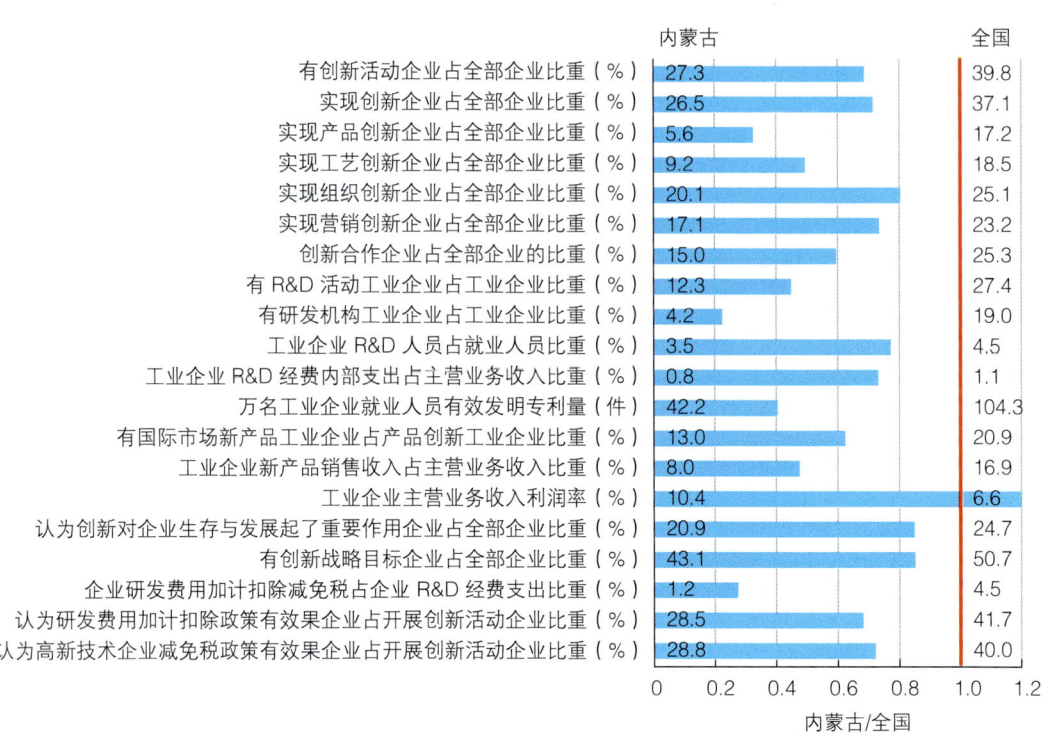

图5-9 内蒙古企业创新能力：与全国对比

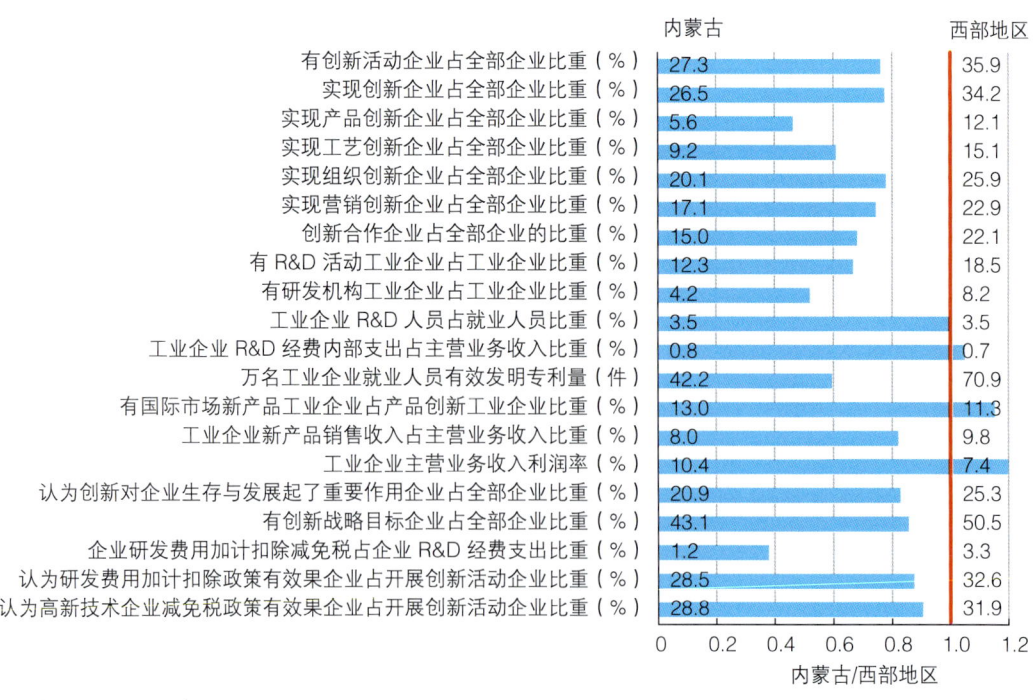

图5-10 内蒙古企业创新能力：与西部地区对比

6.辽宁

辽宁有 4 个指标高于全国平均水平，在有国际市场新产品工业企业占产品创新工业企业比重、工业企业 R&D 经费内部支出占主营业务收入比重方面表现突出，分别达到全国平均水平的 126.6%、110.5%；相较而言，在有研发机构工业企业占工业企业比重、企业研发费用加计扣除减免税占企业 R&D 经费支出比重方面还存在较大的上升空间，目前分别仅为全国平均水平的 36.0%、59.2%（图 5-11）。

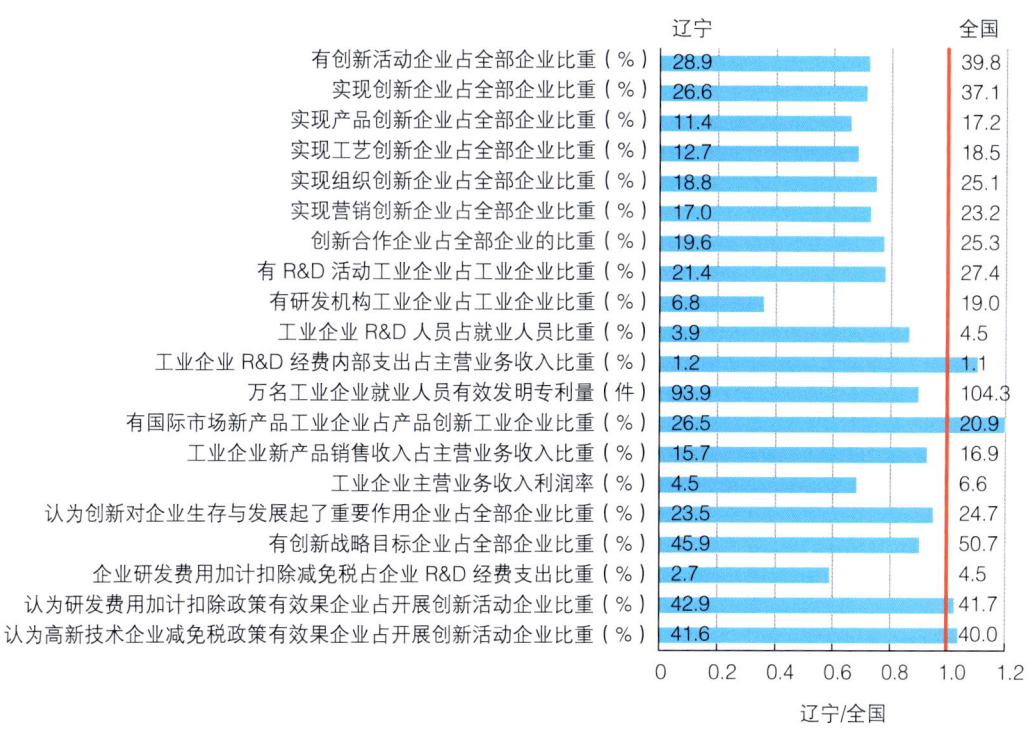

图5-11 辽宁企业创新能力：与全国对比

辽宁有 18 个指标高于东北地区平均水平，在有 R&D 活动工业企业占工业企业比重、有研发机构工业企业占工业企业比重方面优势明显，分别达到地区平均水平的 157.9%、154.5%；相较而言，在企业研发费用加计扣除减免税占企业 R&D 经费支出比重方面仍有较大的上升空间，目前为地区平均水平的 68.3%。2017 年，辽宁高于地区平均水平的指标个数较 2016 年增加 7 个，分别是有创新活动企业占全部企业比重、实现创新企业占全部企业比重、实现组织创新企业占全部企业比重、实现营销创新企业占全部企业比重、创新合作企业占全部企业比重、认为创新对企业生存与发展起了重要作用企业占全部企业比重、有创新战略目标企业占全部企业比重（图5-12）。

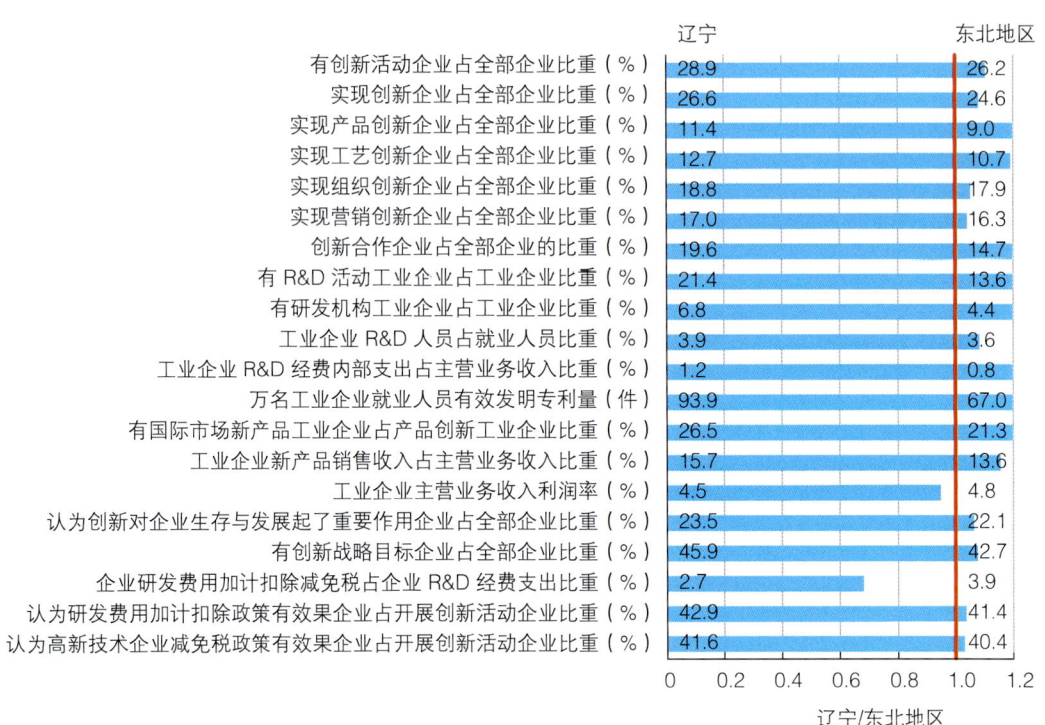

图5-12　辽宁企业创新能力：与东北地区对比

7.吉林

吉林有2个指标高于全国平均水平，在企业研发费用加计扣除减免税占企业R&D经费支出比重方面优势明显，为全国平均水平的185.6%；相较而言，在有研发机构工业企业占工业企业比重、有R&D活动工业企业占工业企业比重和万名工业企业就业人员有效发明专利量方面存在明显不足，分别仅为全国平均水平的12.5%、23.6%和27.1%（图5-13）。

吉林有3个指标高于东北地区平均水平，在企业研发费用加计扣除减免税占企业R&D经费支出比重、工业企业主营业务收入利润率方面表现突出，分别达到地区平均水平的214.2%、105.5%；相较而言，在万名工业企业就业人员有效发明专利量、工业企业R&D经费内部支出占主营业务收入比重方面仍有较大的上升空间，分别仅为地区平均水平的42.2%、44.6%。2017年，吉林高于地区平均水平的指标个数较

2016 年减少 6 个，主要是因为有创新活动企业占全部企业比重、实现创新企业占全部企业比重、实现组织创新企业占全部企业比重、实现营销创新企业占全部企业比重、创新合作企业占全部企业比重、认为创新对企业生存与发展起了重要作用企业占全部企业比重、有创新战略目标企业占全部企业比重 7 个指标由 2016 年高于地区平均值转变为低于地区平均值，而认为研发费用加计扣除政策有效果企业占开展创新活动企业比重由 2016 年低于地区平均值转变为高于地区平均值（图 5-14）。

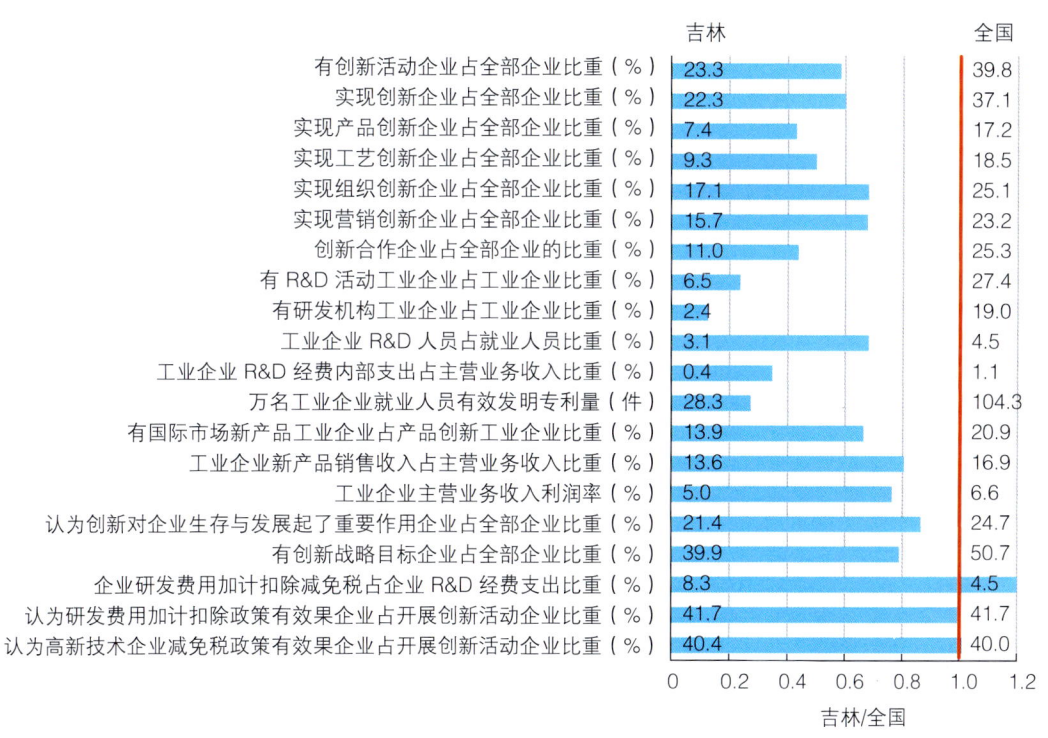

图 5-13　吉林企业创新能力：与全国对比

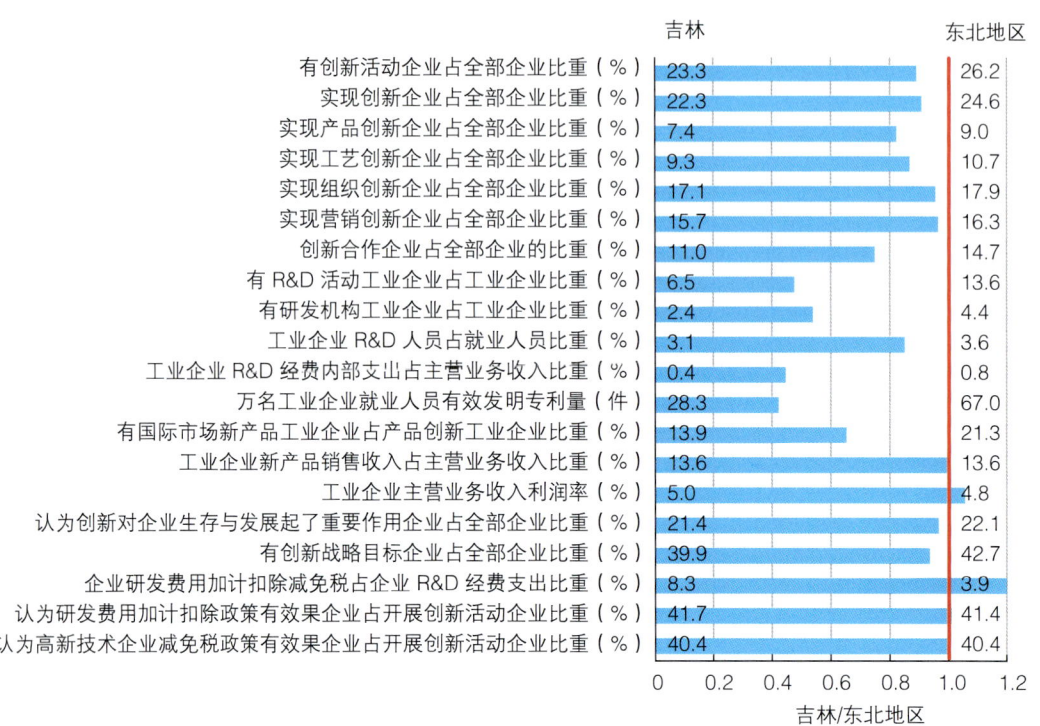

图5-14 吉林企业创新能力：与东北地区对比

8.黑龙江

黑龙江所有指标均低于全国平均水平，在认为高新技术企业减免税政策有效果企业占开展创新活动企业比重、认为研发费用加计扣除政策有效果企业占开展创新活动企业比重方面表现相对较好；但在实现产品创新企业占全部企业比重、有R&D活动工业企业占工业企业比重方面存在较大不足，分别仅为全国平均水平的37.2%、40.1%（图5-15）。

黑龙江有3个指标高于东北地区平均水平，在工业企业R&D经费内部支出占主营业务收入比重、工业企业R&D人员占就业人员比重方面优势较为明显，分别为地区平均水平的115.9%、101.9%；相较而言，在有国际市场新产品工业企业占产品创新工业企业比重方面存在较大不足，仅为地区平均水平的57.2%（图5-16）。

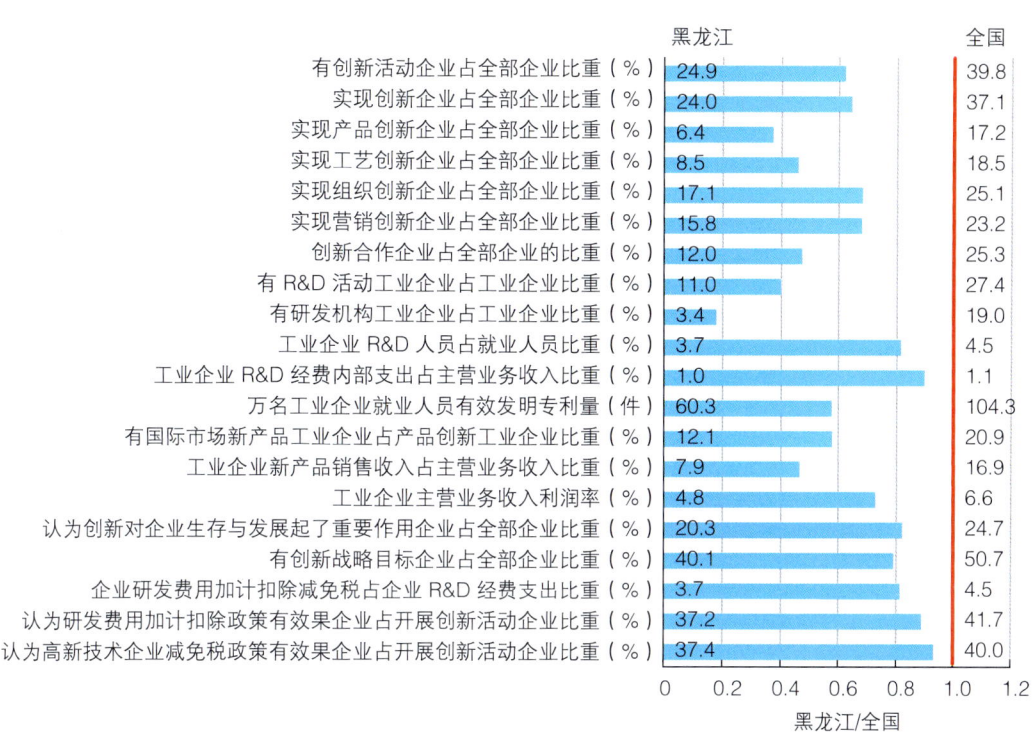

图5-15　黑龙江企业创新能力：与全国对比

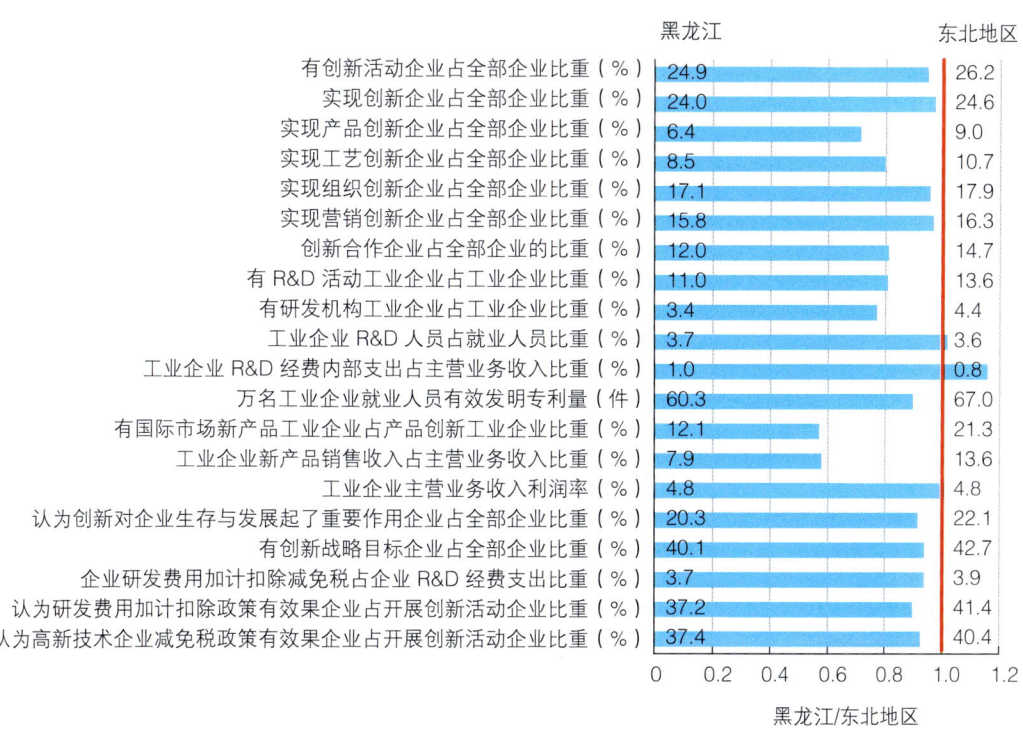

图5-16　黑龙江企业创新能力：与东北地区对比

9.上海

上海有14个指标高于全国平均水平,在万名工业企业就业人员有效发明专利量、工业企业新产品销售收入占主营业务收入比重和企业研发费用加计扣除减免税占企业R&D经费支出比重方面具有明显优势,分别达到全国平均水平的201.7%、157.1%和151.3%;相较而言,在有研发机构工业企业占工业企业比重方面还存在较大的上升空间,目前仅为全国平均水平的36.3%(图5-17)。

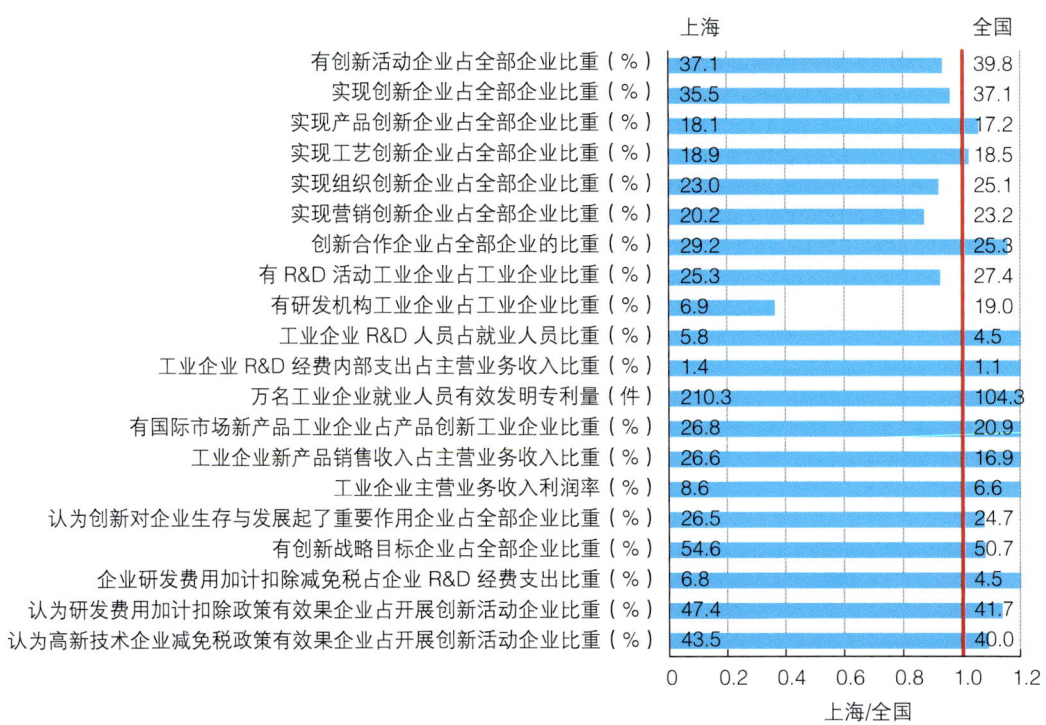

图5-17 上海企业创新能力:与全国对比

上海有12个指标高于东部地区平均水平,在万名工业企业就业人员有效发明专利量、企业研发费用加计扣除减免税占企业R&D经费支出比重方面表现突出,分别为地区平均水平的160.1%、142.2%;相较而言,在有研发机构工业企业占工业企业比重方面存在较大潜力,目前仅为地区平均水平的27.3%(图5-18)。

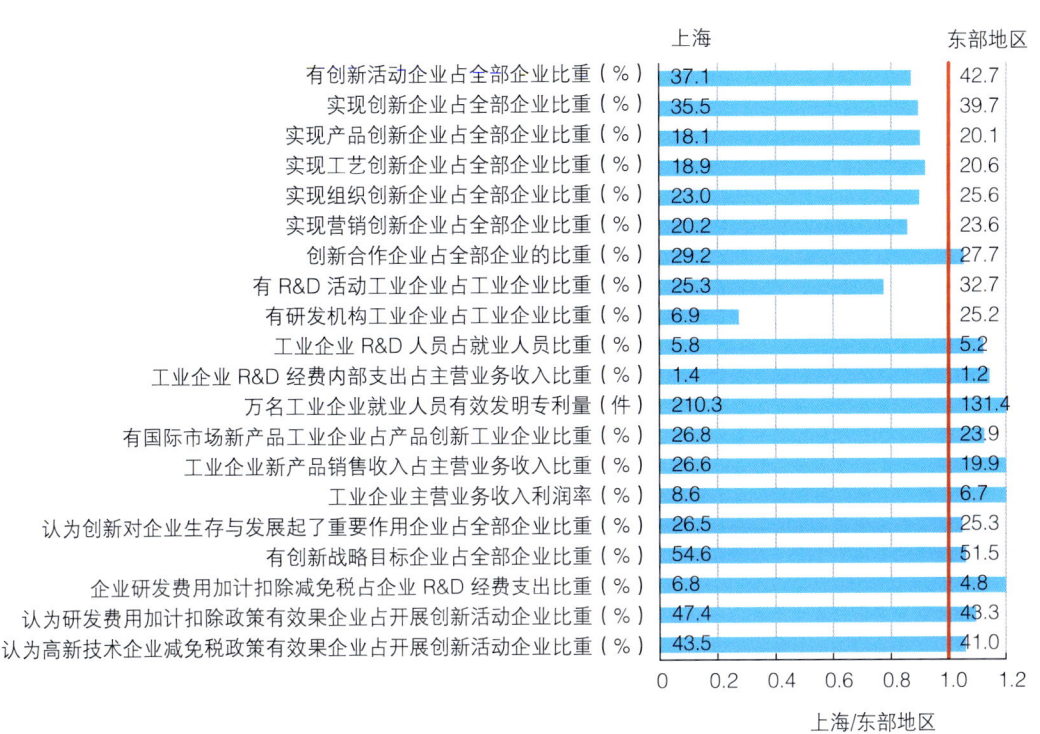

图5-18 上海企业创新能力：与东部地区对比

10.江苏

江苏有18个指标高于全国平均水平，创新优势突出。在有研发机构工业企业占工业企业比重、有R&D活动工业企业占工业企业比重和实现产品创新企业占全部企业比重方面优势明显，分别达到全国平均水平的226.7%、155.1%和146.1%；相较而言，在认为创新对企业生存与发展起了重要作用企业占全部企业比重方面还有待提高，目前为全国平均水平的93.3%（图5-19）。

江苏有16个指标高于东部地区平均水平，呈创新引领之势。在有研发机构工业企业占工业企业比重方面优势最为明显，达到地区平均水平的170.5%；相较而言，在有国际市场新产品工业企业占产品创新工业企业比重方面还有待提高，目前为地区平均水平的86.4%（图5-20）。

中国企业创新能力评价报告 2019

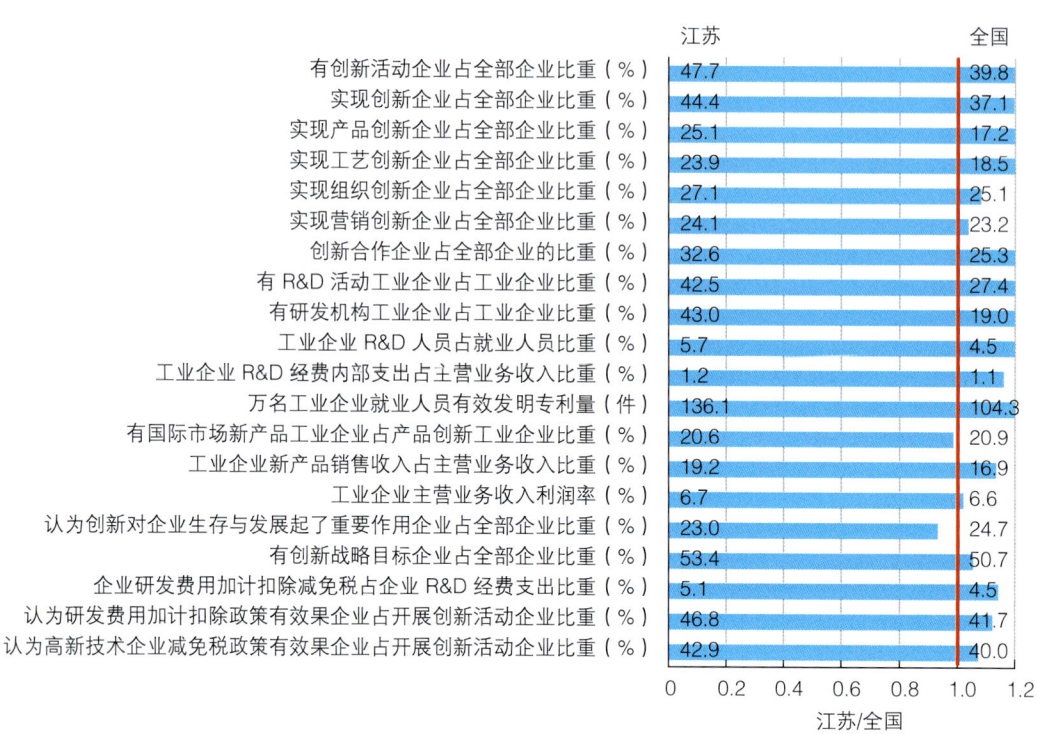

图5-19　江苏企业创新能力：与全国对比

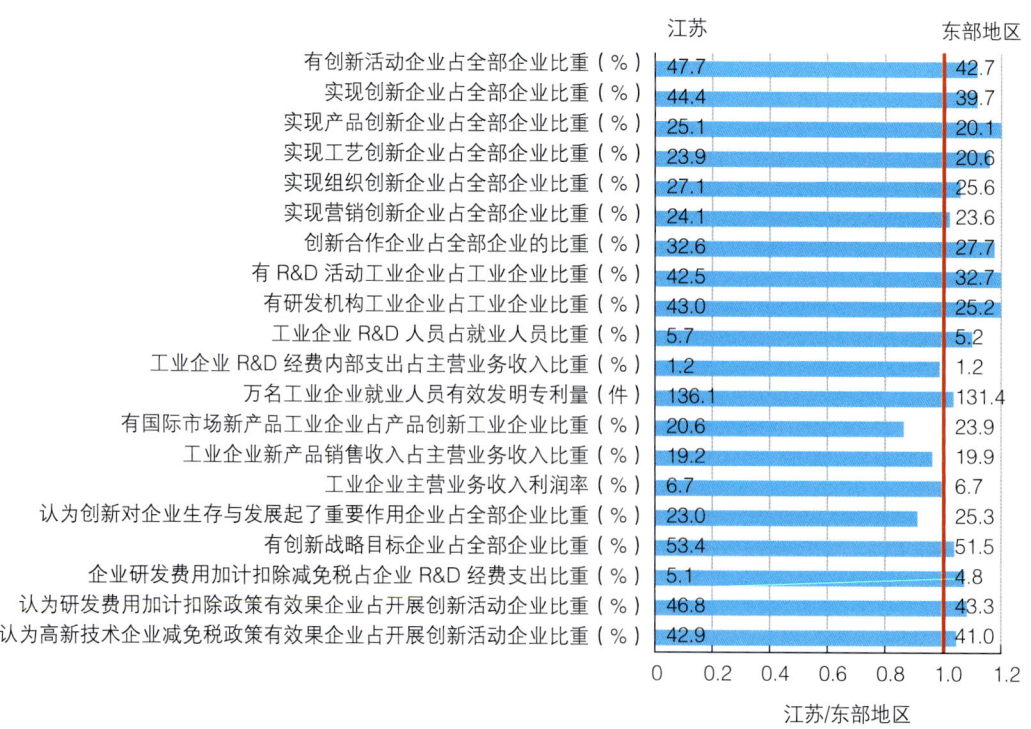

图5-20　江苏企业创新能力：与东部地区对比

11.浙江

浙江有17个指标高于全国平均水平，呈现领先之势。在工业企业新产品销售收入占主营业务收入比重、实现产品创新企业占全部企业比重方面表现突出，分别达到全国平均水平的190.2%和167.3%；相较而言，在万名工业企业就业人员有效发明专利量方面还存在较大的上升空间，目前仅为全国平均水平的70.3%（图5-21）。

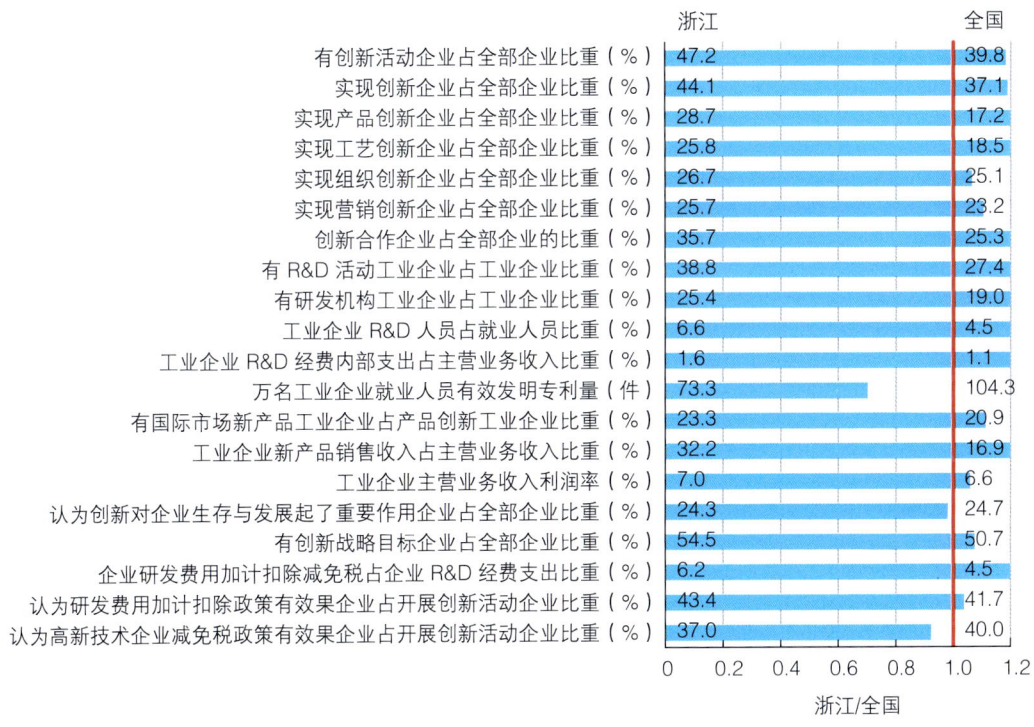

图5-21 浙江企业创新能力：与全国对比

浙江有16个指标高于东部地区平均水平，在工业企业新产品销售收入占主营业务收入比重和实现产品创新企业占全部企业比重方面优势明显，分别为东部地区平均水平的161.4%、142.7%；相较而言，在万名工业企业就业人员有效发明专利量方面还存在较大的上升空间，目前仅为地区平均水平的55.8%（图5-22）。

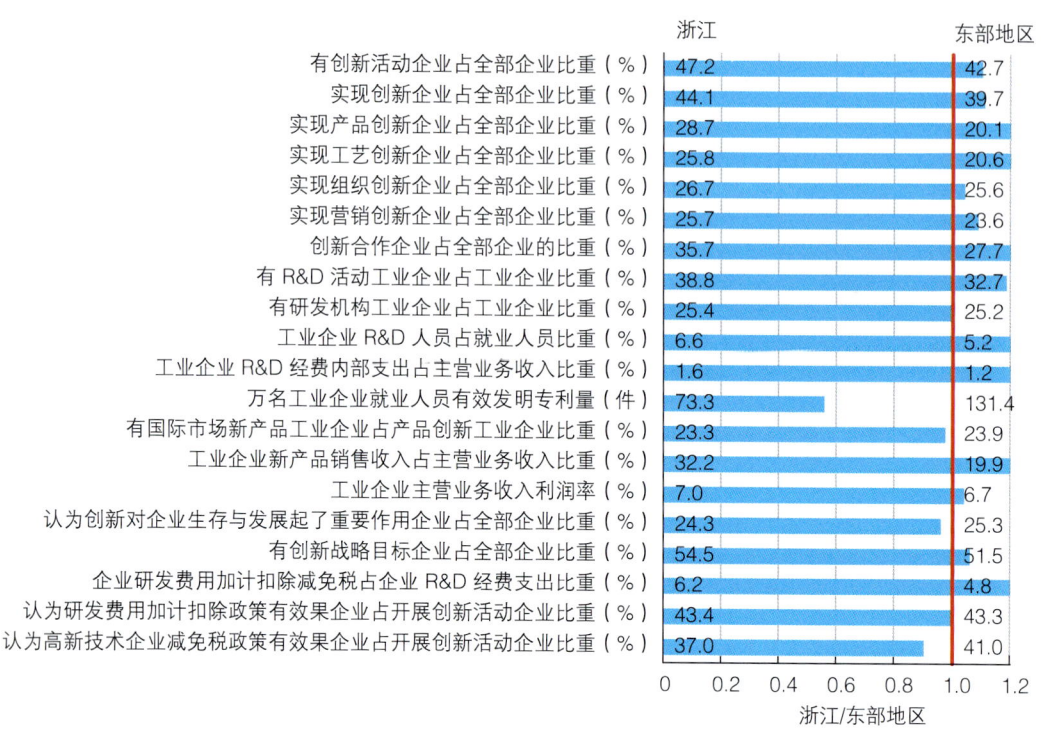

图5-22 浙江企业创新能力：与东部地区对比

12.安徽

安徽有16个指标高于全国平均水平，在万名工业企业就业人员有效发明专利量、实现营销创新企业占全部企业比重方面优势明显，分别为全国平均水平的154.4%和127.5%；相较而言，在工业企业主营业务收入利润率、有国际市场新产品工业企业占产品创新工业企业比重方面还存在一定的上升空间，目前分别为全国平均水平的82.5%和88.5%（图5-23）。

安徽有19个指标高于中部地区平均水平，具有引领中部地区创新的实力。在万名工业企业就业人员有效发明专利量方面最为突出，达到地区平均水平的244.2%。为实现全面引领，需要在工业企业主营业务收入利润率方面有所提升，目前该指标为地区平均水平的88.7%（图5-24）。

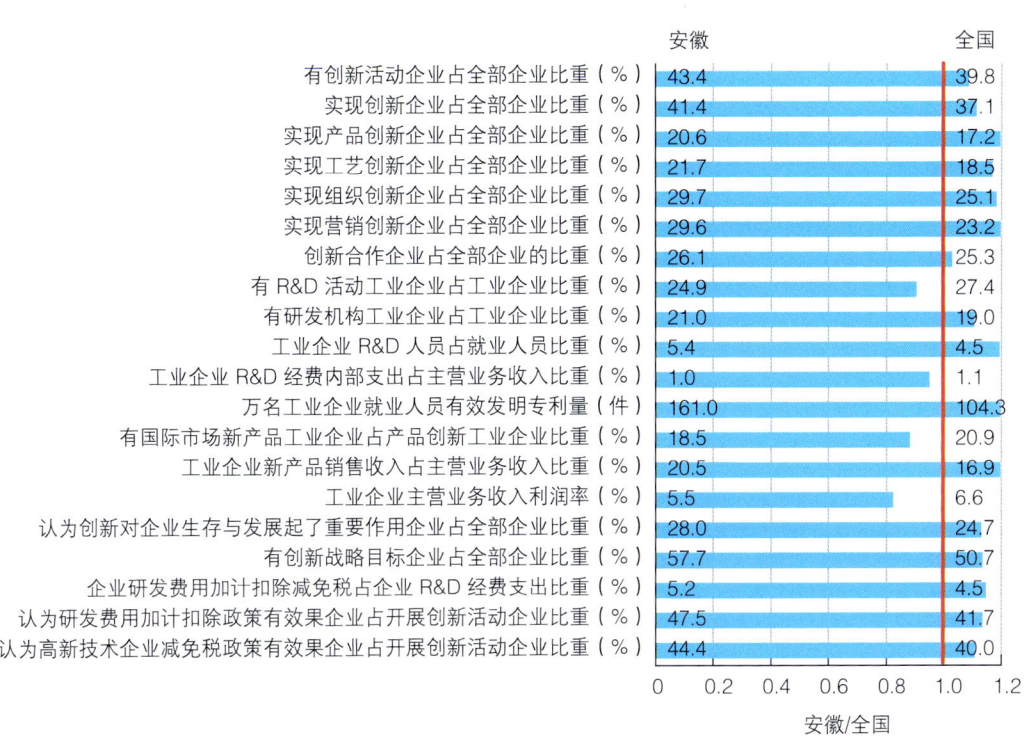

图5-23 安徽企业创新能力：与全国对比

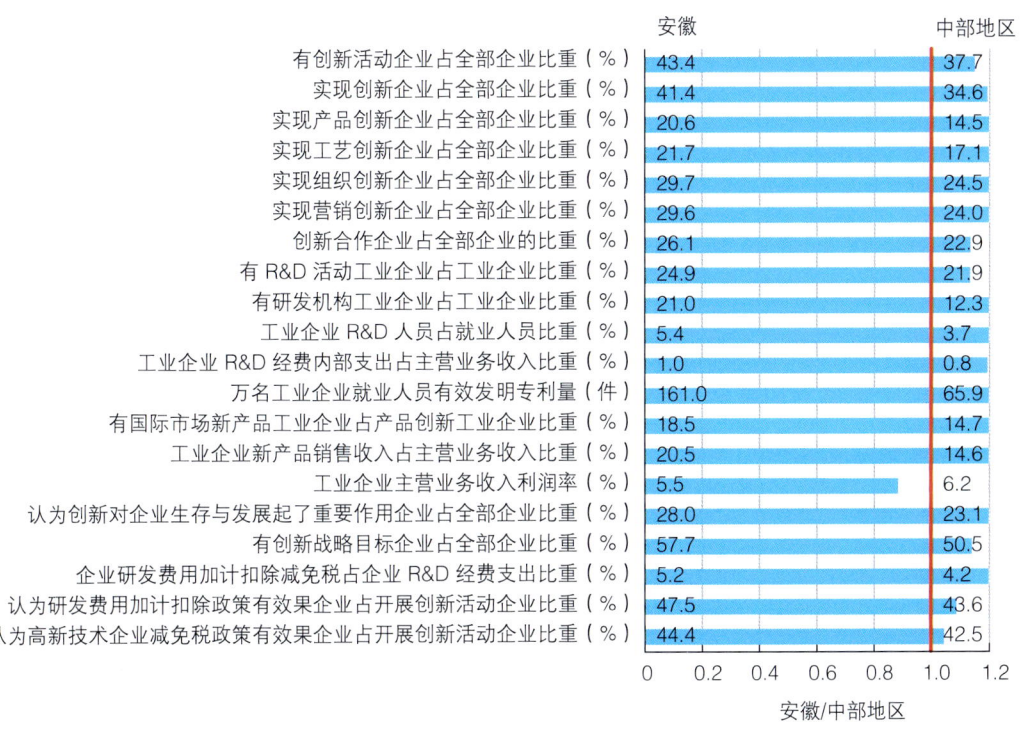

图5-24 安徽企业创新能力：与中部地区对比

13.福建

福建有3个指标高于全国平均水平,在有国际市场新产品工业企业占产品创新工业企业比重方面优势较明显,为全国平均水平的123.6%;相较而言,在有研发机构工业企业占工业企业比重、万名工业企业就业人员有效发明专利量方面还存在较大的上升空间,目前分别仅为全国平均水平的43.2%、54.8%(图5-25)。

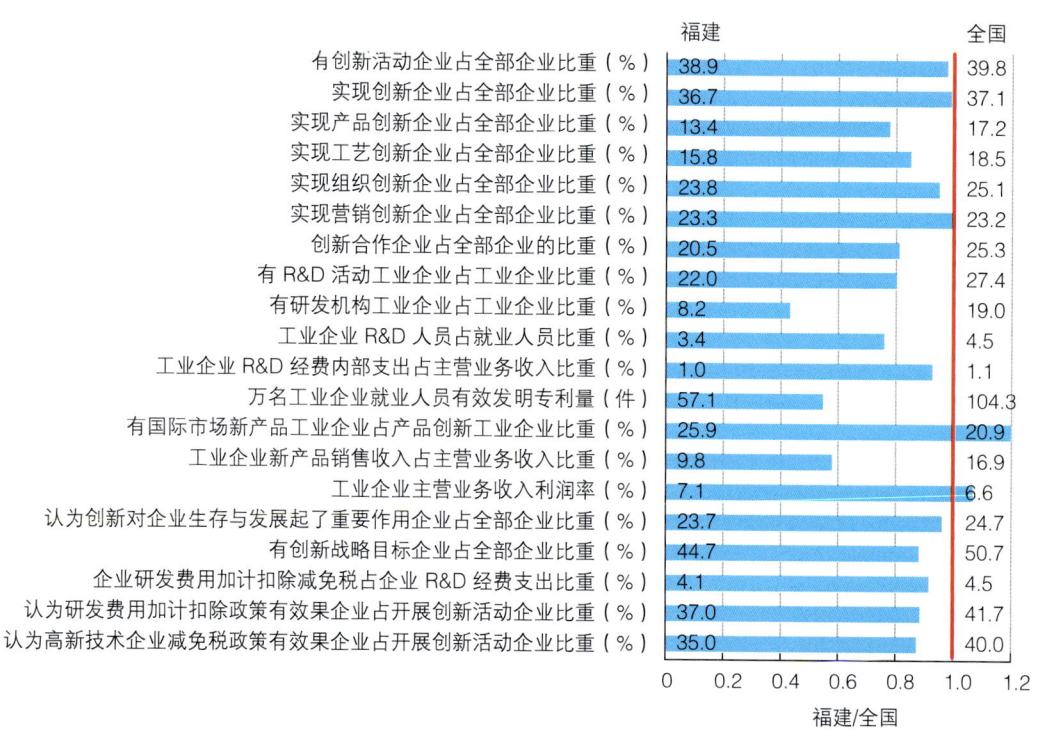

图5-25 福建企业创新能力:与全国对比

福建有2个指标高于东部地区平均水平,在有国际市场新产品工业企业占产品创新工业企业比重方面优势明显,为全国平均水平的108.3%;相较而言,在有研发机构工业企业占工业企业比重、万名工业企业就业人员有效发明专利量方面还存在较大的上升空间,目前分别仅为地区平均水平的32.5%、43.5%(图5-26)。

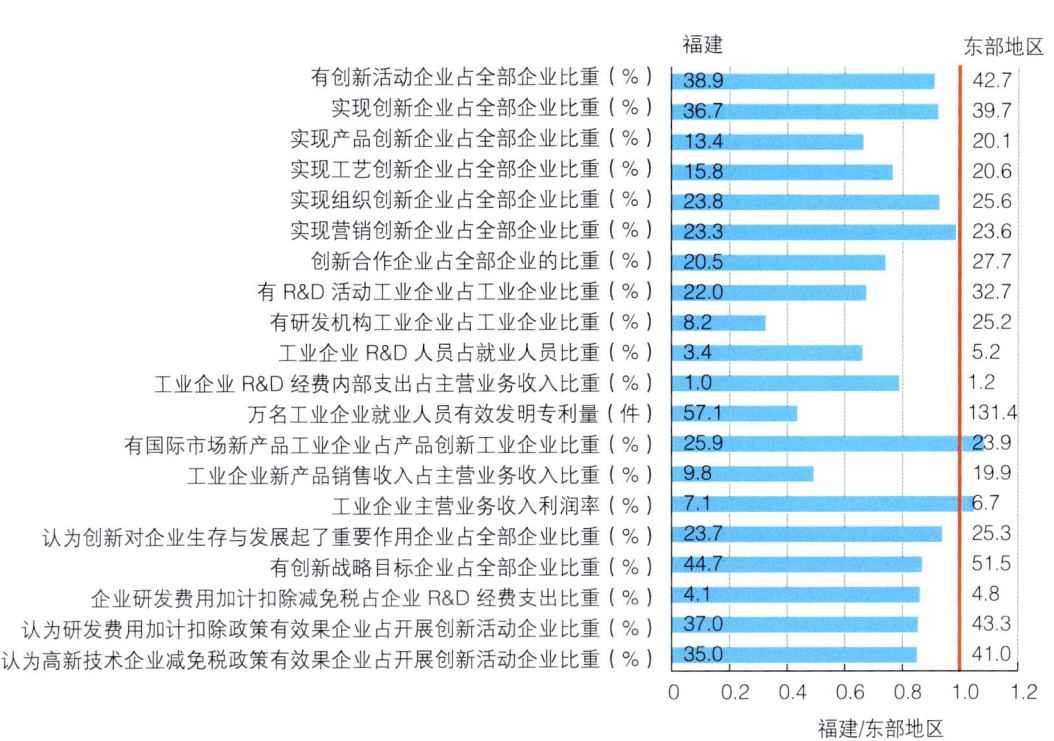

图5-26 福建企业创新能力：与东部地区对比

14.江西

江西有6个指标高于全国平均水平，在企业研发费用加计扣除减免税占企业R&D经费支出比重方面优势较为明显，达到全国平均水平的115.4%；相较而言，在万名工业企业就业人员有效发明专利量方面还存在较大的上升空间，目前仅为全国平均水平的37.8%（图5-27）。

江西有13个指标高于中部地区平均水平，在有研发机构工业企业占工业企业比重、企业研发费用加计扣除减免税占企业R&D经费支出比重方面优势较为明显，分别为地区平均水平的126.9%、122.0%；相较而言，在万名工业企业就业人员有效发明专利量方面存在较大不足，目前仅为地区平均水平的59.7%（图5-28）。

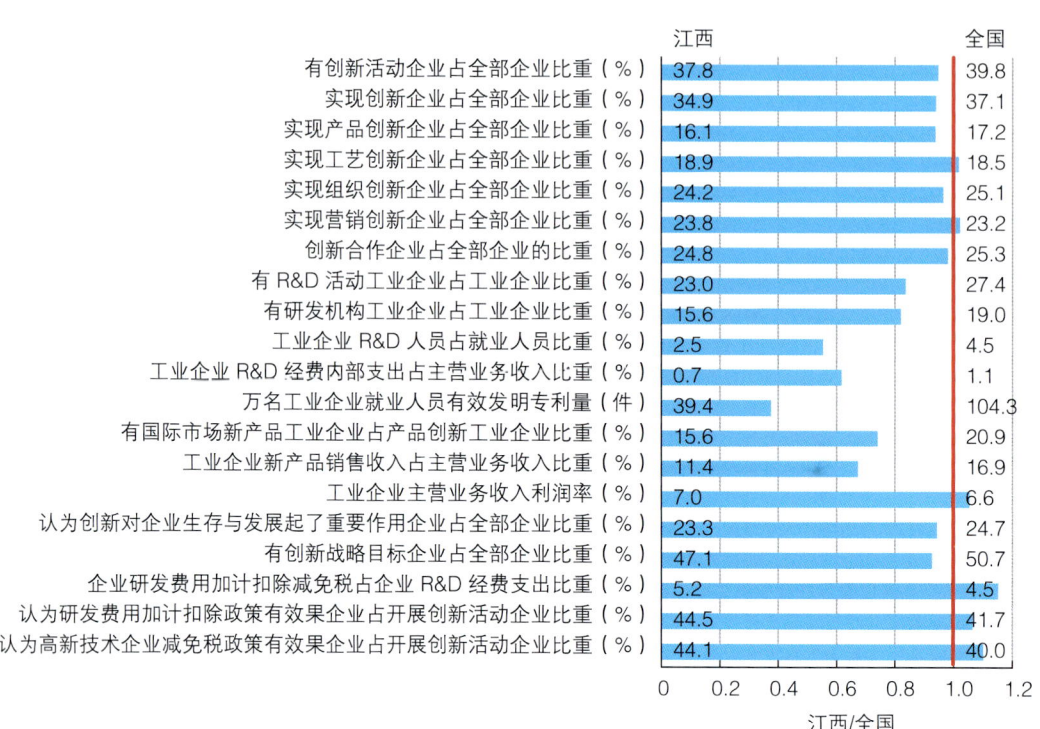

图5-27　江西企业创新能力：与全国对比

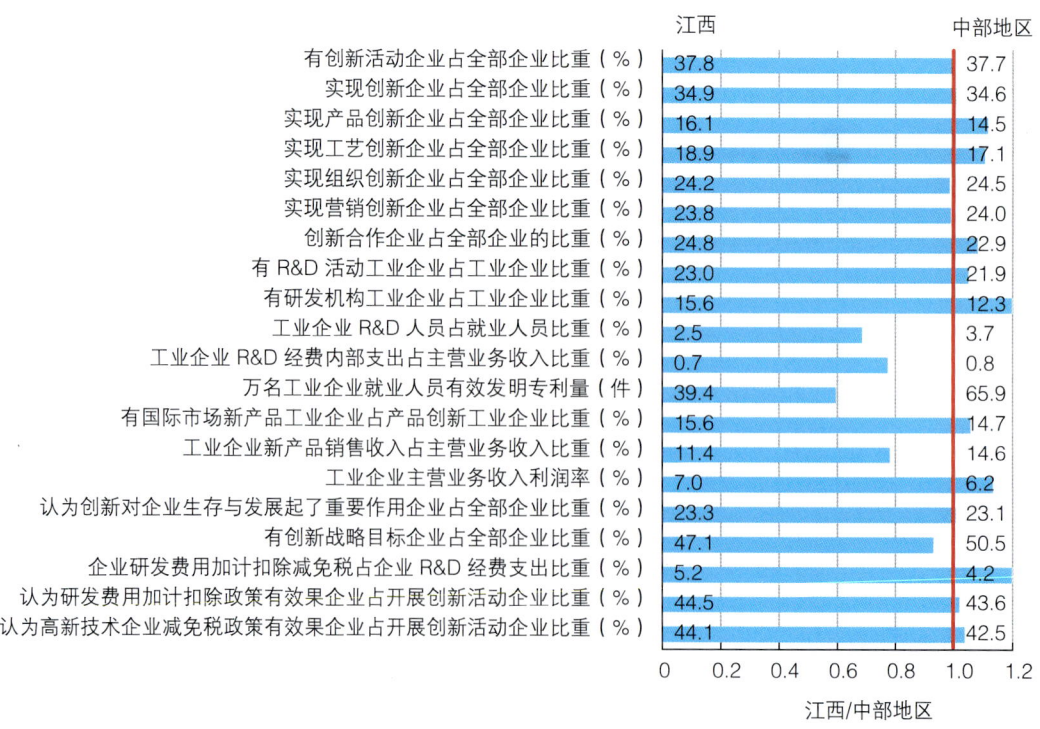

图5-28　江西企业创新能力：与中部地区对比

15.山东

山东有6个指标高于全国平均水平,在实现组织创新企业占全部企业比重、工业企业R&D经费内部支出占主营业务收入比重方面优势较为明显,分别为全国平均水平的106.2%、104.7%;相较而言,在企业研发费用加计扣除减免税占企业R&D经费支出比重、有研发机构工业企业占工业企业比重方面仍存在较大不足,目前分别仅为全国平均水平的49.9%、52.6%。2017年,山东高于全国平均水平的指标个数较2016年增加4个,主要是因为有创新活动企业占全部企业比重、实现创新企业占全部企业比重、实现组织创新企业占全部企业比重、实现营销创新企业占全部企业比重、工业企业R&D人员占就业人员比重、工业企业R&D经费内部支出占主营业务收入6个指标由2016年低于全国平均值转变为高于全国平均值,而认为研发费油加计扣除政策有效果企业占开展创新活动企业比重、认为高新技术企业减免税政策有效果企业占开展创新活动企业比重2个指标由2016年高于全国平均值转变为低于全国平均值(图5-29)。

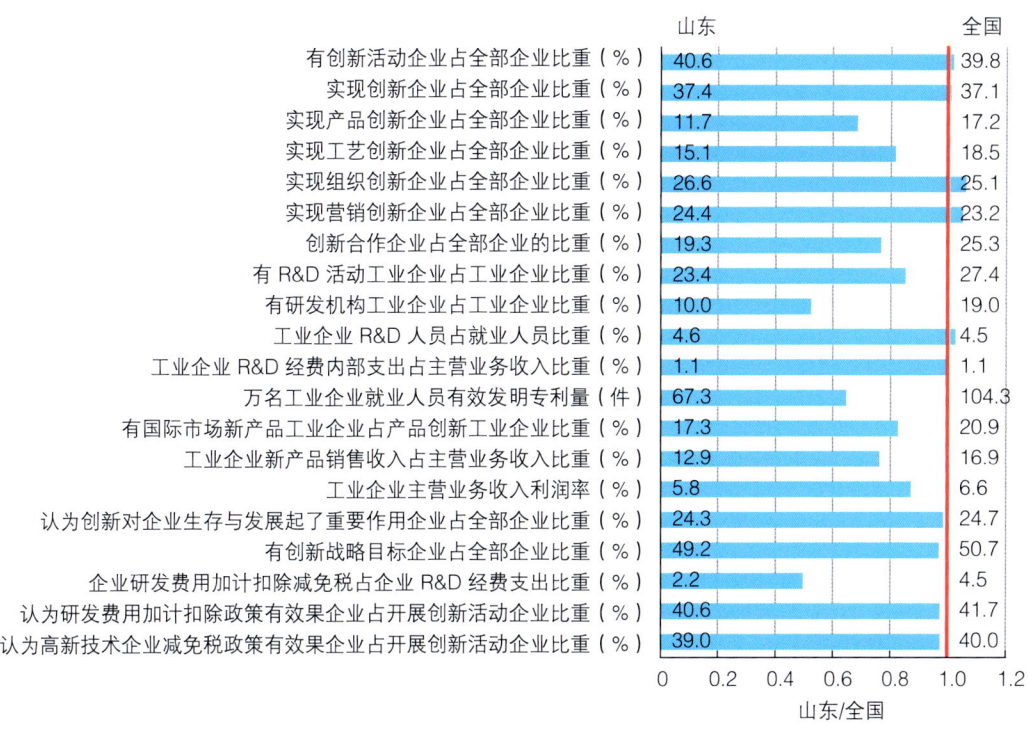

图5-29 山东企业创新能力:与全国对比

山东有2个指标(实现组织创新企业占全部企业比重、实现营销创新企业占全部企业比重)高于东部地区平均水平,分别为地区平均水平的103.8%和103.5%;相较而言,在有研发机构工业企业占工业企业比重、企业研发费用加计扣除减免税占企业 R&D 经费支出比重方面仍存在较大的上升空间,目前分别仅为地区平均水平的39.6%和46.9%(图5-30)。

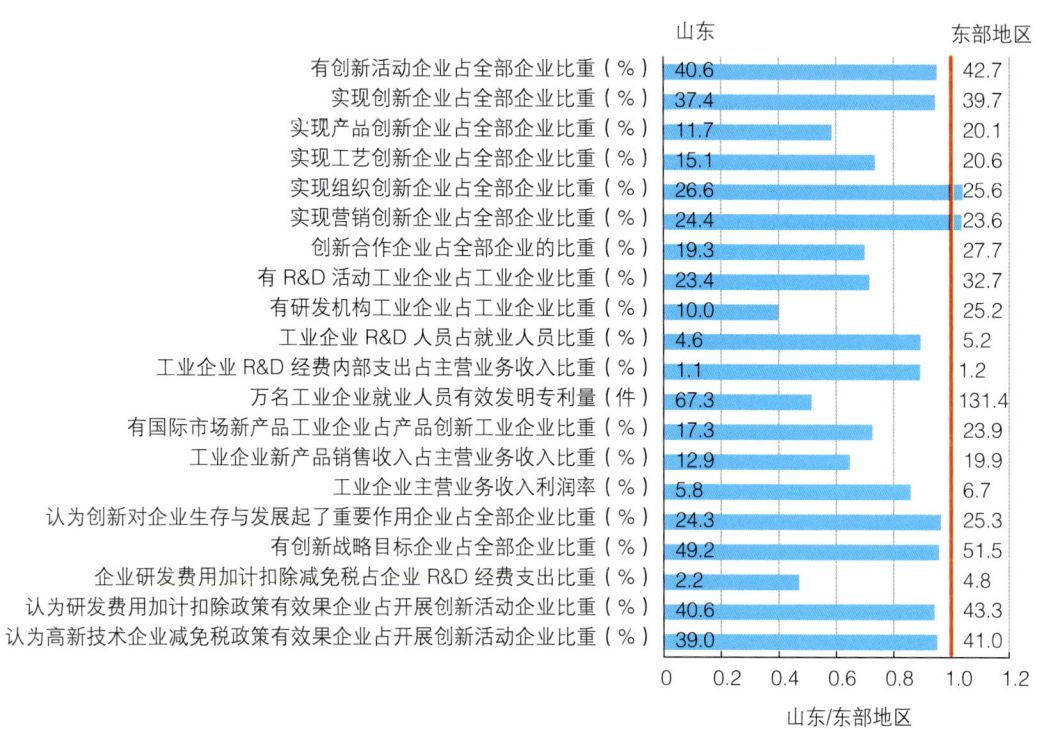

图5-30 山东企业创新能力:与东部地区对比

16.河南

河南有3个指标高于全国平均水平,在认为高新技术企业减免税政策有效果企业占开展创新活动企业比重、工业企业主营业务收入利润率方面优势较为明显,分别为全国平均水平的103.0%、101.3%;相较而言,在万名工业企业就业人员有效发明专利量方面仍存在较大的上升空间,目前仅为全国平均水平的27.5%(图5-31)。

河南有1个指标(工业企业主营业务收入利润率)高于中部地区平均水平,为地区平均水平的108.9%;相较而言,在万名工业企业就业人员有效发明专利量方面存在较大不足,目前仅为地区平均水平的43.6%(图5-32)。

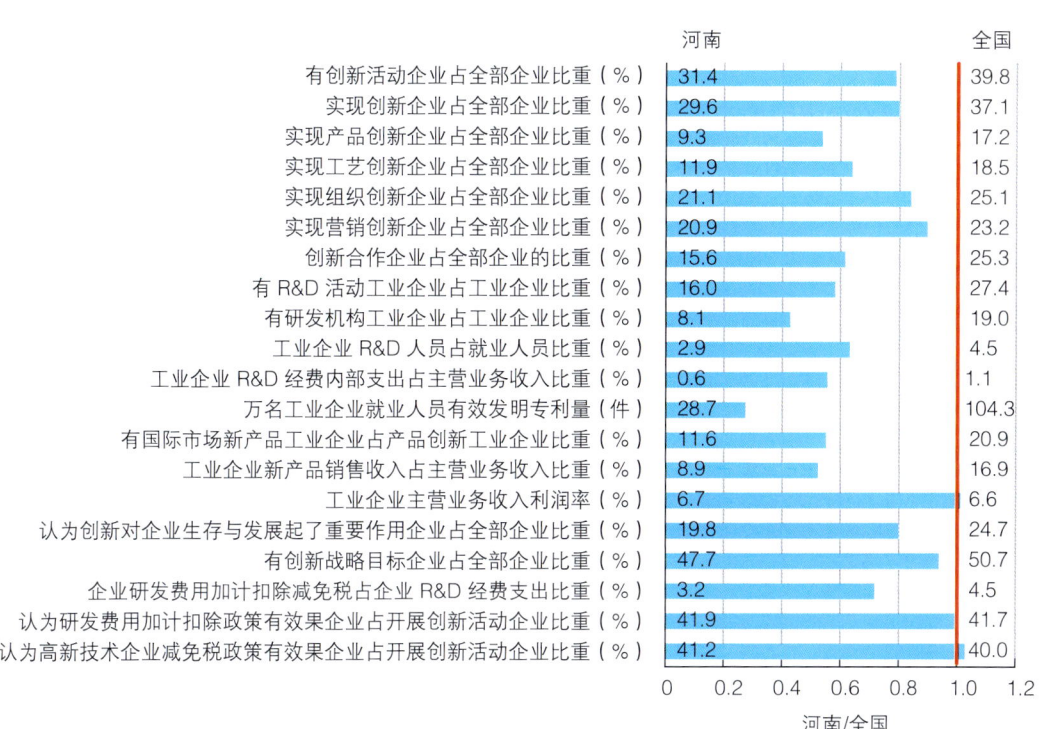

图5-31 河南企业创新能力：与全国对比

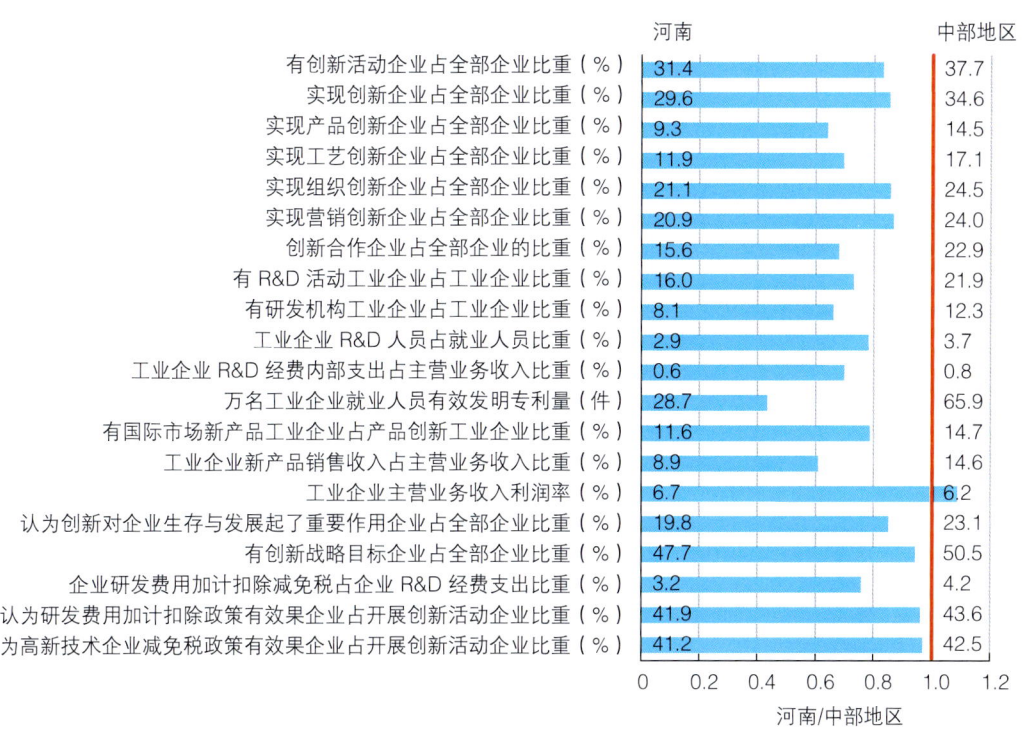

图5-32 河南企业创新能力：与中部地区对比

第五章 我国区域企业创新能力比较分析

17. 湖北

湖北有 12 项指标高于全国平均水平，其在高新技术企业减免税政策方面优势较明显，为全国平均水平的 109.9%；相较而言，其在研发机构设置方面还存在较大的发展潜力，目前仅为全国平均水平的 36.4%。2017 年，湖北高于全国平均水平的指标个数较 2016 年增加 5 个，分别是实现创新企业占全部企业比重、实现产品创新企业占全部企业比重、实现工艺创新企业占全部企业比重、创新合作企业占全部企业比重、工业企业新产品销售收入占主营业务比重收入（图 5-33）。

湖北有 16 项指标高于中部地区平均水平，其在工业企业 R&D 人员、R&D 经费内部支出、万名工业企业就业人员有效发明专利量方面优势较为明显，分别达到地区平均水平的 134.1%、128.2% 和 122.9%；相较而言，其在研发机构设置方面存在较大不足，目前仅为地区平均水平的 56.1%（图 5-34）。

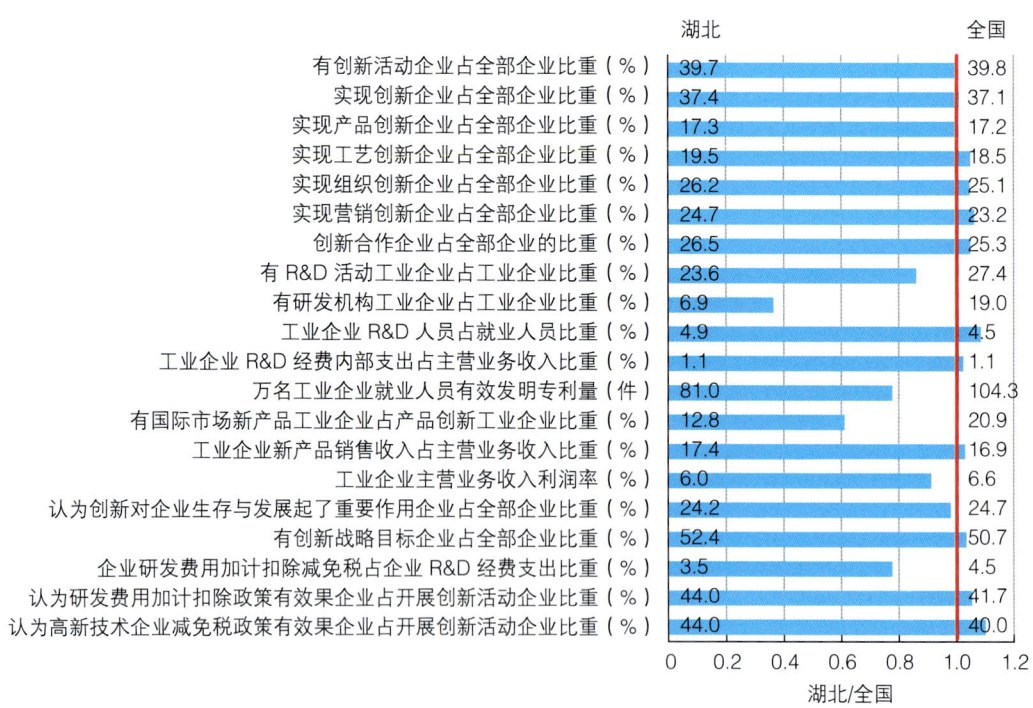

图5-33 湖北企业创新能力：与全国对比

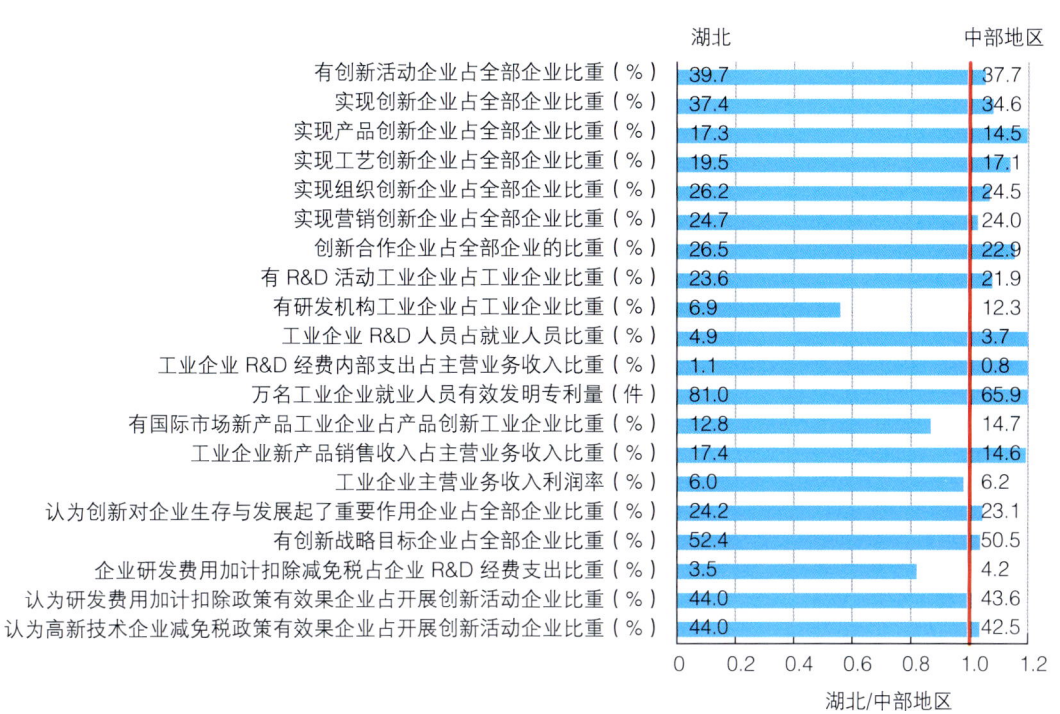

图5-34 湖北企业创新能力:与中部地区对比

18.湖南

湖南有9项指标高于全国平均水平,其在新产品销售方面优势明显,为全国平均水平的130.4%;相较而言,其在国际市场新产品创造及研发机构设置方面仍存在较大的上升空间,目前分别为全国平均水平的62.0%和59.0%(图5-35)。

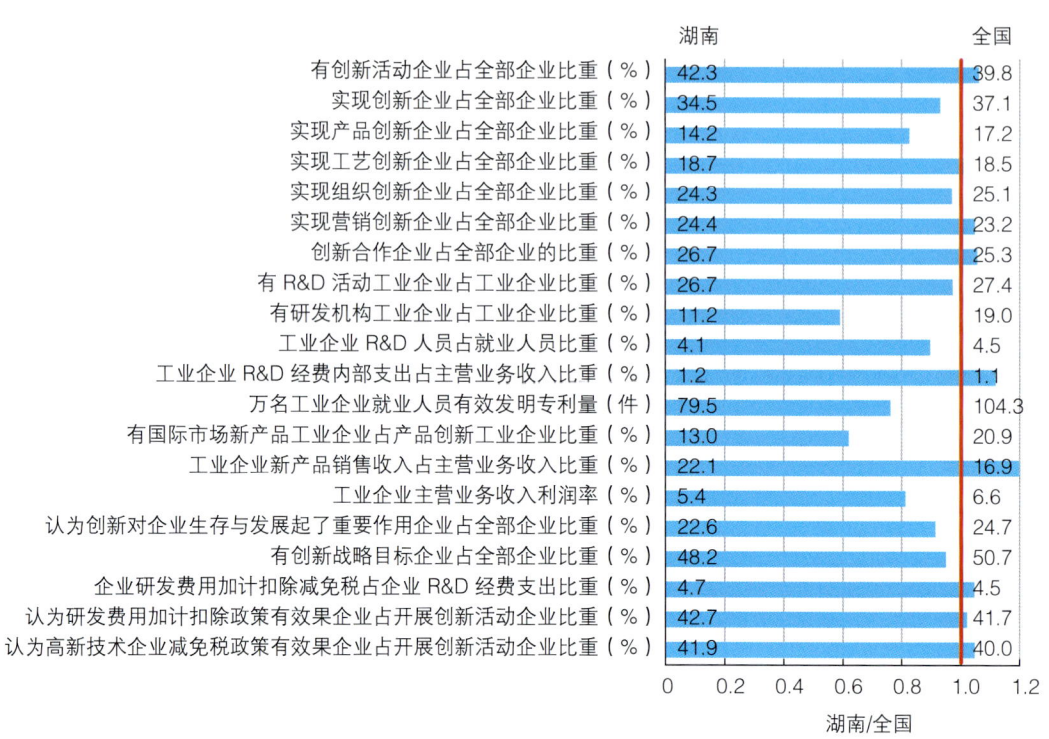

图5-35 湖南企业创新能力：与全国对比

湖南有10项指标高于中部地区平均水平，在新产品销售、R&D经费内部支出方面表现突出，分别达到地区平均水平的151.2%和140.1%；相较而言，其在工业企业主营业务收入、国际市场新产品创造方面的上升空间较大，分别为地区平均水平的87.4%和88.3%。2017年，湖南高于地区平均水平的指标个数较2016年减少4个，主要是因为实现创新企业占全部企业比重、实现产品创新企业占全部企业比重、有研发机构工业企业占工业企业比重、认为研发费用加计扣除政策有效果企业占开展创新活动企业比重、认为高新技术企业减免税政策有效果企业占开展创新活动企业比重5个指标由2016年高于地区平均值转变为低于地区平均值，而实现营销创新企业占全部企业比重由2016年低于地区平均值转变为高于地区平均值（图5-36）。

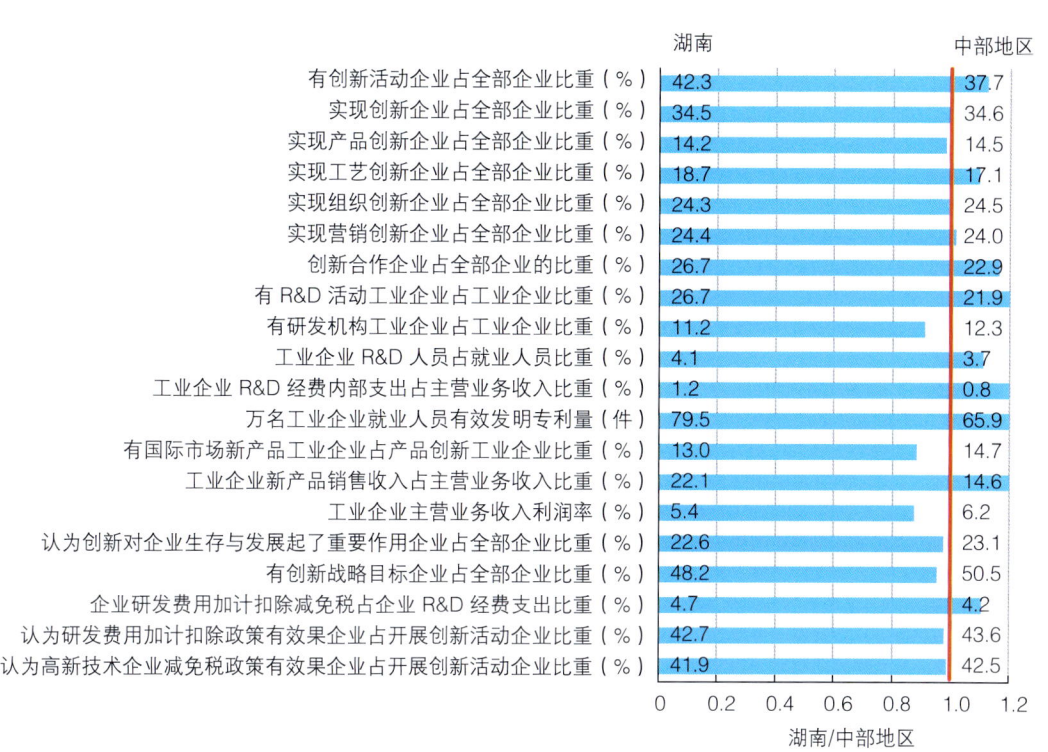

图5-36 湖南企业创新能力：与中部地区对比

19.广东

广东有 18 项指标高于全国平均水平。其在有效发明专利量、新产品销售及国际市场新产品创造方面优势明显，分别达到全国平均水平的 194.4%、154.0% 及 151.3%；相较而言，其在创新战略目标设定及组织创新方面存在较大的上升空间，目前分别为全国平均水平的 99.4% 和 99.6%。2017 年，广东高于全国平均水平的指标个数较 2016 年增加 5 个，分别是有创新活动企业占全部企业比重、实现创新企业占全部企业比重、实现营销创新企业占全部企业比重、创新合作企业占全部企业比重、认为研发费油加计扣除政策有效果企业占开展创新活动企业比重（图 5-37）。

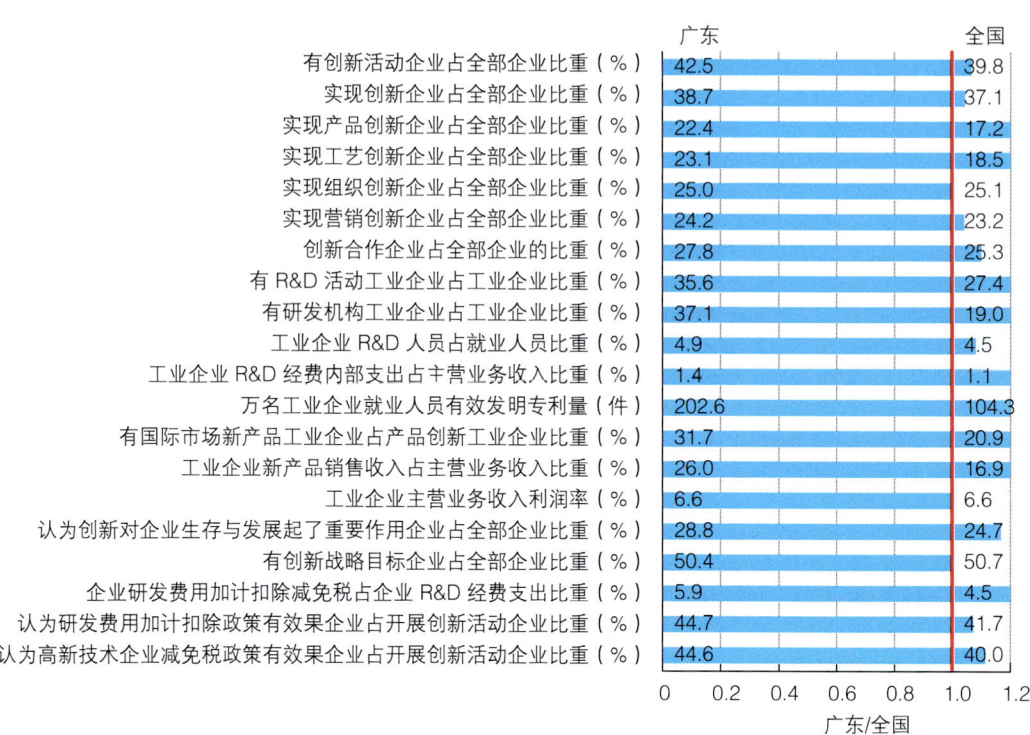

图5-37 广东企业创新能力：与全国对比

广东有14项指标高于东部地区平均水平，在有效发明专利量、研发机构设置方面优势明显，分别达到地区平均水平的154.3%和147.1%；相较而言，其在工业企业R&D人员方面还存在的上升空间，目前为地区平均水平的93.9%。2017年，广东高于地区平均水平的指标个数较2016年增加6个，分别是实现产品创新企业占全部企业比重、实现工艺创新企业占全部企业比重、实现营销创新企业占全部企业比重、创新合作企业占全部企业比重、有R&D活动工业企业占工业企业比重、认为研发费用加计扣除政策有效果企业占开展创新活动企业比重（图5-38）。

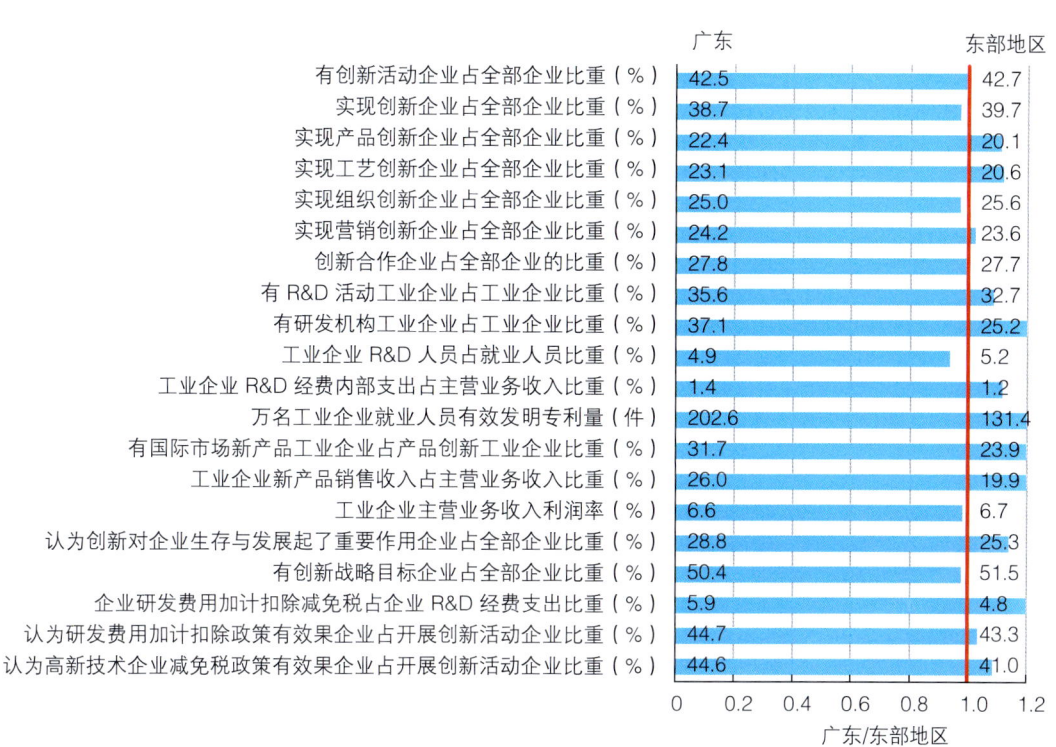

图5-38 广东企业创新能力：与东部地区对比

20.广西

广西有2项指标高于全国平均水平，其中创新重要性认知为全国平均水平的102.7%；相较而言，其在研发机构设置方面还存在较大的上升空间，目前仅为全国平均水平的19.7%（图5-39）。

广西有2项指标高于西部地区平均水平，1项指标与全国平均水平相当。其中，国际新产品创造为地区平均水平的124.1%；相较而言，其在研发机构设置、R&D人员比重、R&D经费内部支出及有效发明专利方面存在较大的上升空间，分别仅为地区平均水平的45.7%、47.1%、53.2%和53.9%（图5-40）。

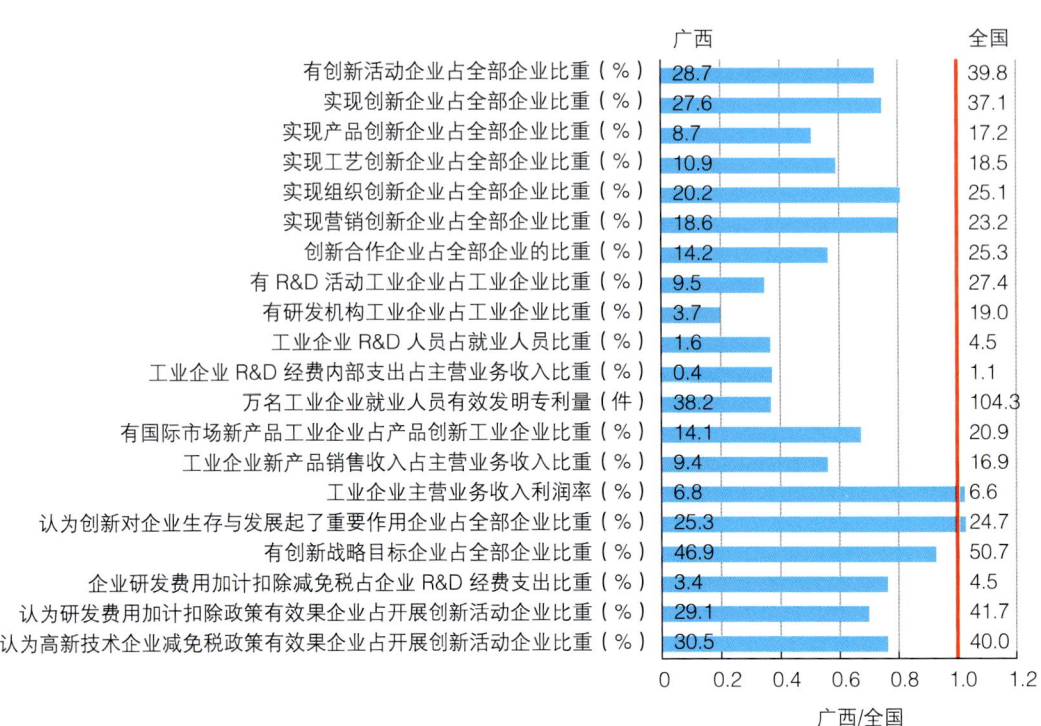

图5-39 广西企业创新能力：与全国对比

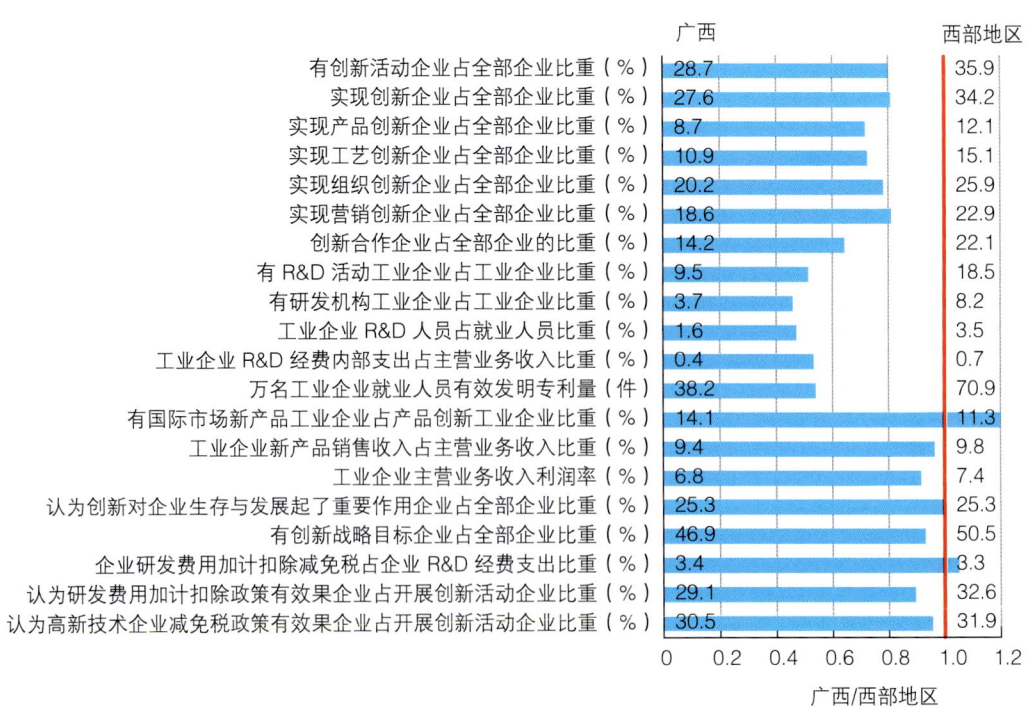

图5-40 广西企业创新能力：与西部地区对比

21.海南

海南有 6 项指标高于全国平均水平，在有效发明专利量及企业研发费用加计扣除减免税方面优势明显，分别达到全国平均水平的 158.8% 和 139.1%；相较而言，其在研发机构设置及工业企业 R&D 经费内部支出方面还存在较大潜力，分别仅为全国平均水平的 34.7% 和 39.2%（图 5-41）。

海南有 6 项指标高于东部地区平均水平，在企业研发费用加计扣除减免税方面优势明显，为地区平均水平的 130.7%；相较而言，其在研发机构设置及工业企业 R&D 经费内部支出方面还存在较大的上升空间，目前分别仅为地区平均水平的 26.1% 和 33.3%（图 5-42）。

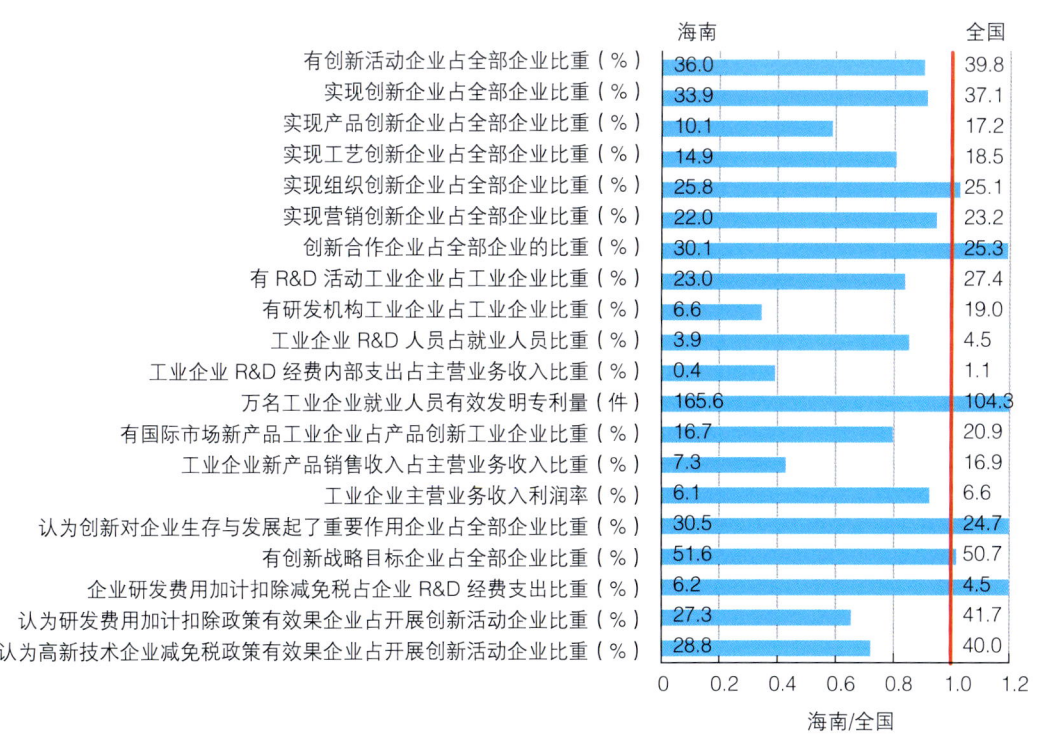

图5-41　海南企业创新能力：与全国对比

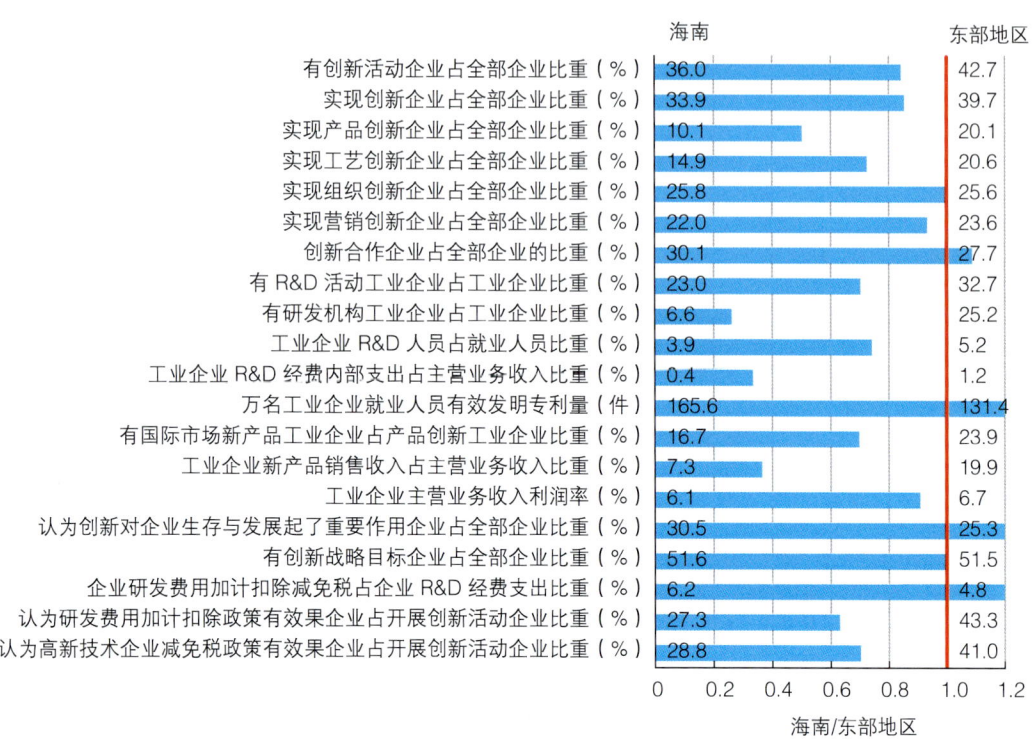

图5-42　海南企业创新能力：与东部地区对比

22.重庆

重庆有 11 项指标高于全国平均水平，其中新产品销售优势明显，为全国平均水平的 151.6%；相较而言，其在国际市场新产品创造、有效发明专利量方面还存在较大的上升空间，目前分别仅为全国平均水平的 51.8% 和 67.8%。2017 年，重庆高于全国平均水平的指标个数较 2016 年增加 4 个，分别是实现产品创新企业占全部企业比重、实现工艺创新企业占全部企业比重、有 R&D 活动工业企业占工业企业比重、工业企业研发人员占就业人员比重（图 5-43）。

重庆有 16 项指标高于西部地区平均水平，在新产品销售、研发机构设置方面优势明显，分别达到地区平均水平的 261.1%、192.5%；相较而言，其在国际市场新产品创造、有效发明专利量方面还存在较大的上升空间，目前分别为地区平均水平的 95.7%、99.6%（图 5-44）。

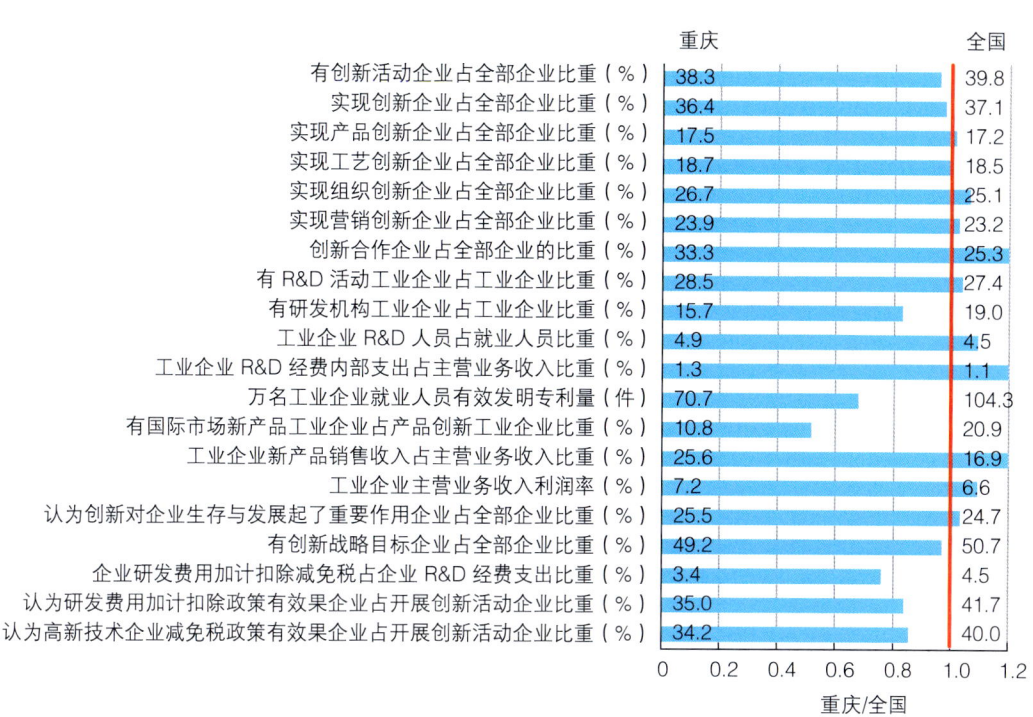

图5-43 重庆企业创新能力：与全国对比

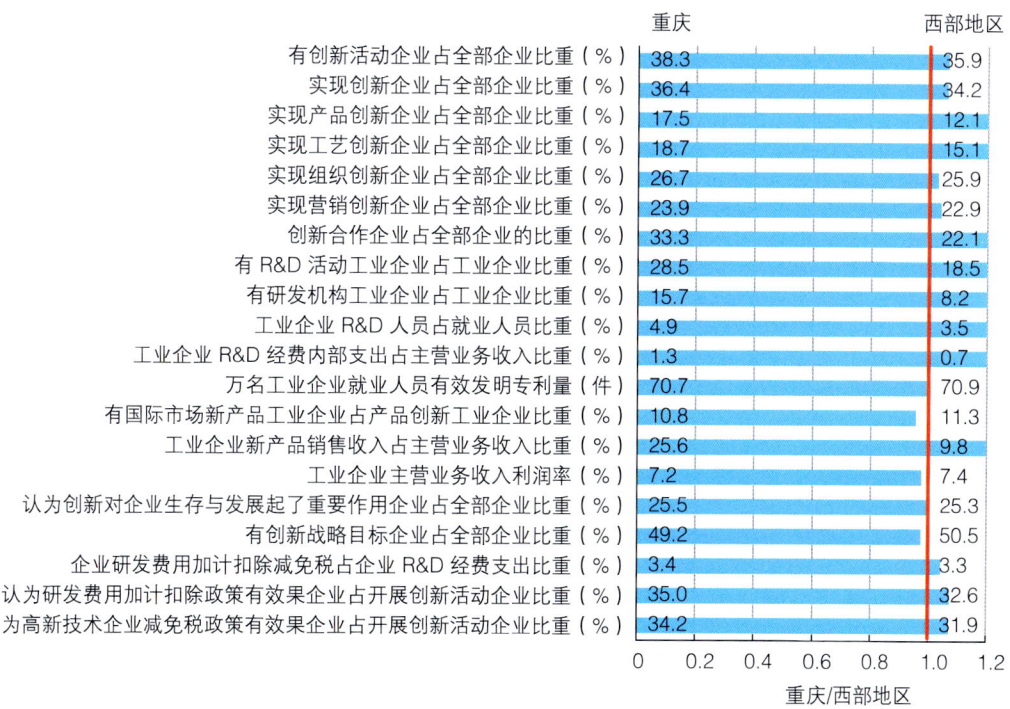

图5-44 重庆企业创新能力：与西部地区对比

23.四川

四川有 6 项指标高于全国平均水平，在实现组织创新方面优势较为明显，达到全国平均水平的 111.1%；相较而言，其在工业企业新产品销售收入、国际市场新产品方面还存在较大的上升空间，目前仅为全国平均水平的 52.3% 和 56.5%（图 5-45）。

四川有 14 项指标高于西部地区平均水平，在有效发明专利量及实现产品创新方面优势明显，分别为地区平均水平的 144.3% 和 114.4%；相较而言，其在研发机构设置方面还存在较大的上升空间，目前为地区平均水平的 86.8%（图 5-46）。

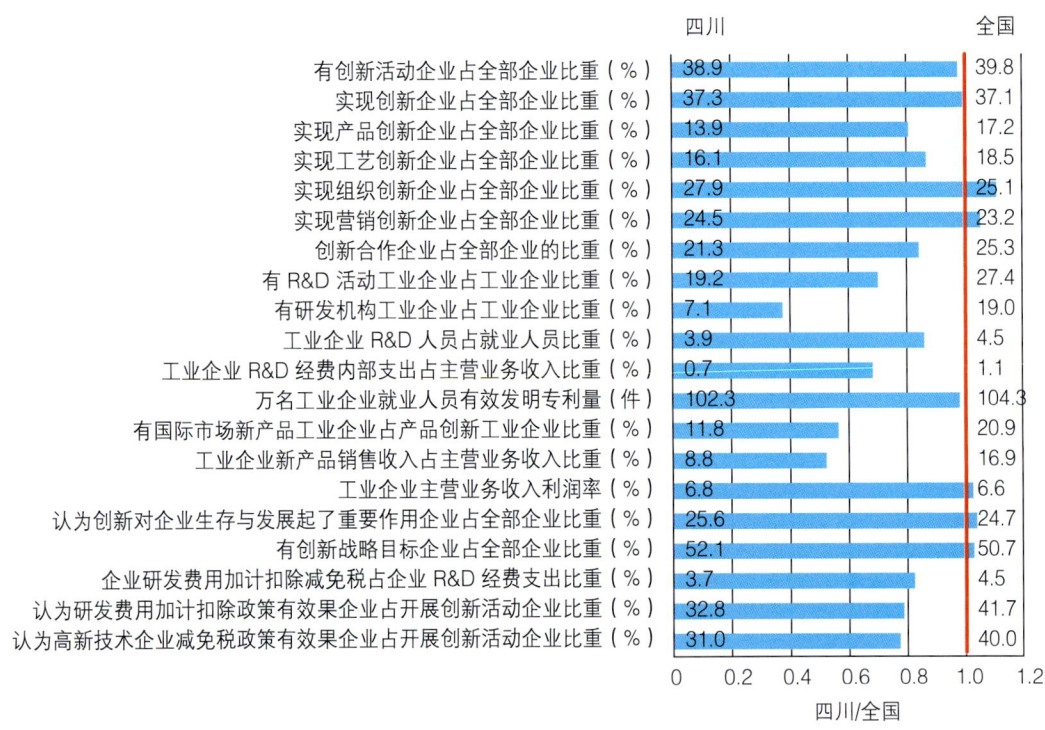

图 5-45　四川企业创新能力：与全国对比

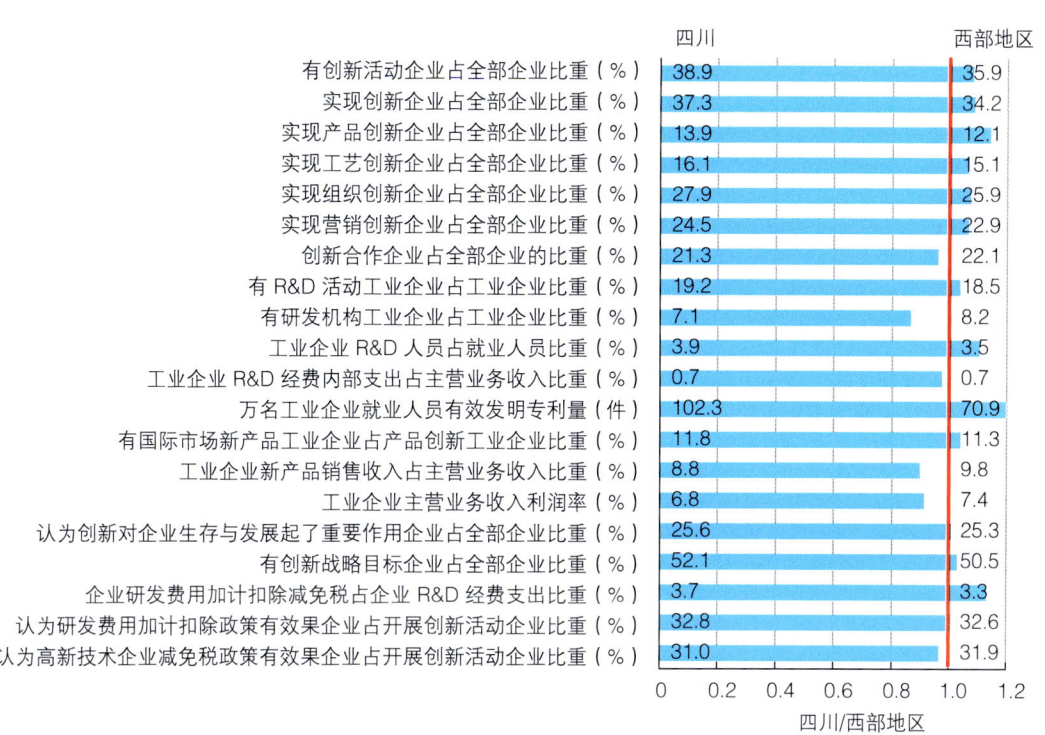

图5-46 四川企业创新能力：与西部地区对比

24.贵州

贵州有 1 项指标高于全国平均水平，在企业利润率方面优势明显，为全国平均水平的128.3%；相较而言，其在新产品销售及研发机构设置方面还存在较大的上升空间，分别仅为全国平均水平的 33.6%、36.6%。2017 年，贵州高于全国平均水平的指标个数较 2016 年减少 4 个，分别是实现组织创新企业占全部企业比重、实现营销创新企业占全部企业比重、认为创新对企业生存与发展起了重要作用企业占全部企业比重、有创新战略目标企业占全部企业比重（图 5-47）。

贵州有 6 项指标高于西部地区平均水平，在企业利润率方面优势明显，为地区平均水平的114.7%；相较而言，其在新产品销售及创新合作方面还存在较大的上升空间，分别仅为地区平均水平的 58.0% 和 81.4%（图 5-48）。

中国企业创新能力评价报告 2019

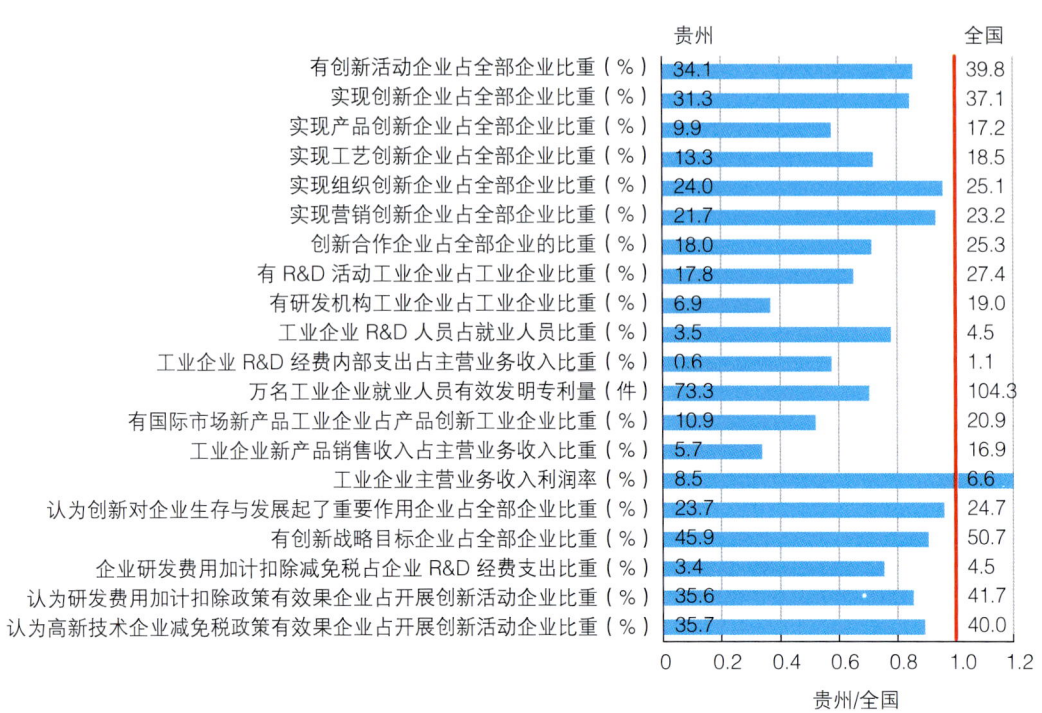

图 5-47　贵州企业创新能力：与全国对比

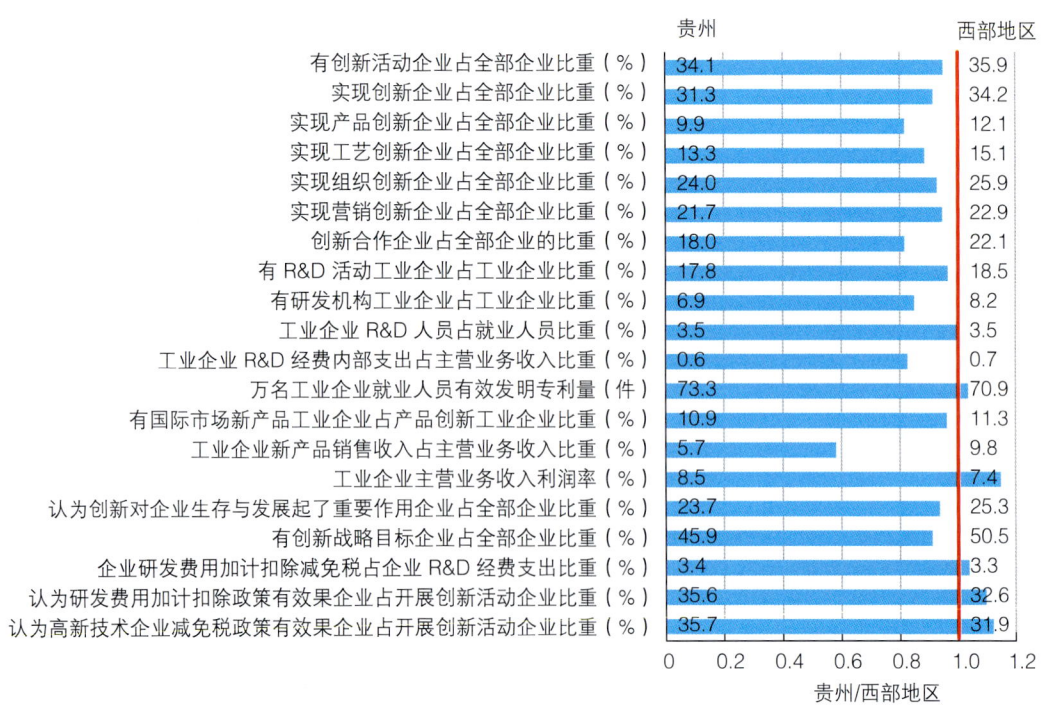

图 5-48　贵州企业创新能力：与西部地区对比

25.云南

云南有9项指标高于全国平均水平，在创新重要性认知及组织创新方面优势明显，分别为全国平均水平的139.0%和124.8%；相较而言，其在新产品销售、国际市场新产品创造及研发费用加计扣除减免税比重方面还存在较大的上升空间，分别仅为全国平均水平的40.9%、43.4%和43.7%（图5-49）。

云南有15项指标高于西部地区平均水平，在研发机构设置、创新重要性认知方面优势较为明显，分别为地区平均水平的164.5%、135.3%；相较而言，其在研发费用加计扣除减免税比重、工业企业新产品销售收入方面还存在较大的上升空间，目前分别仅为地区平均水平的60.2%、70.5%（图5-50）。

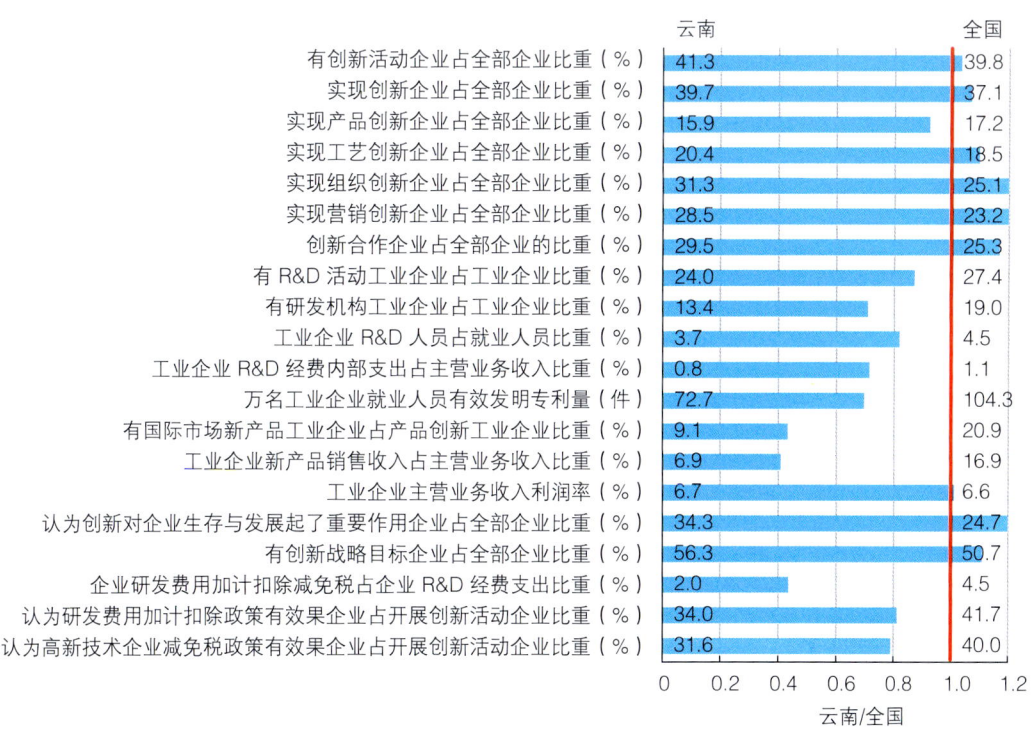

图5-49 云南企业创新能力：与全国对比

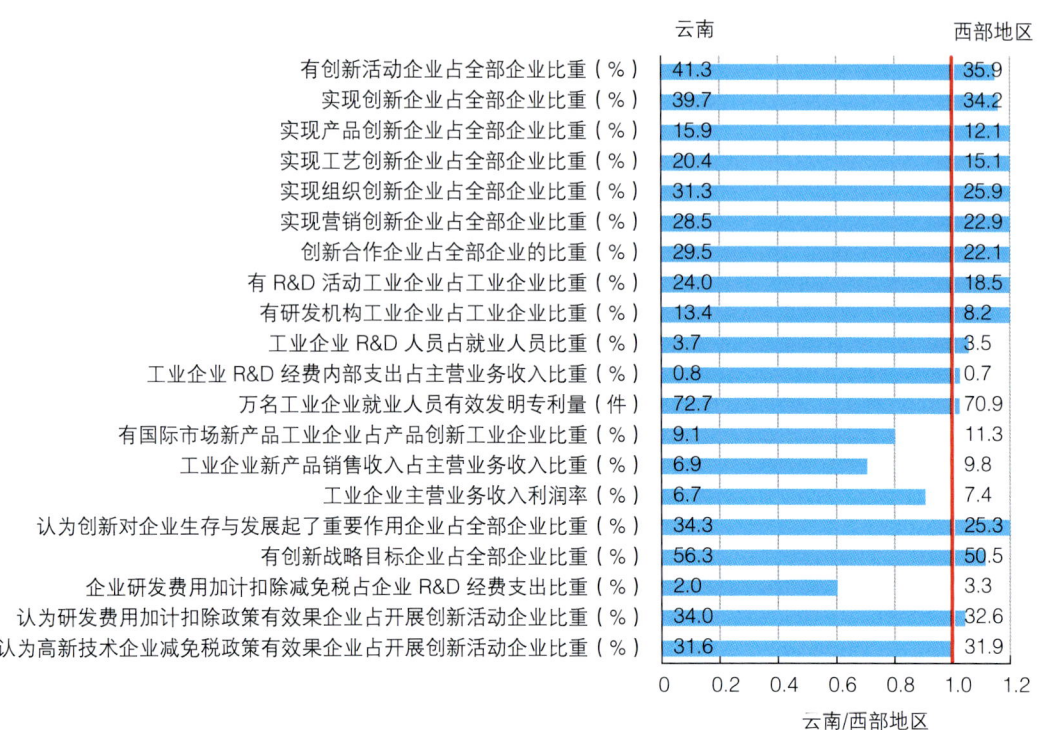

图5-50 云南企业创新能力：与西部地区对比

26.西藏

西藏有5项指标高于全国平均水平，在企业利润率、研发费用加计扣除减免税比重方面优势明显，分别为全国平均水平的187.2%和136.7%；相较而言，其在R&D经费内部支出、研发机构设置及新产品销售方面还存在较大的上升空间，目前分别仅为全国平均水平的14.0%、18.2%及25.9%（图5-51）。

西藏有7项指标高于西部地区平均水平，在研发费用加计扣除减免税比重、企业利润率方面优势明显，分别为全国平均水平的188.2%和167.2%；相较而言，其在企业R&D经费内部支出、R&D人员占比及新产品销售方面仍存在较大的上升空间，目前分别仅为地区平均水平的20.1%、39.6%和44.6%（图5-52）。

西藏地区"有国际市场新产品工业企业占产品创新工业企业比重（%）"项指标缺失。

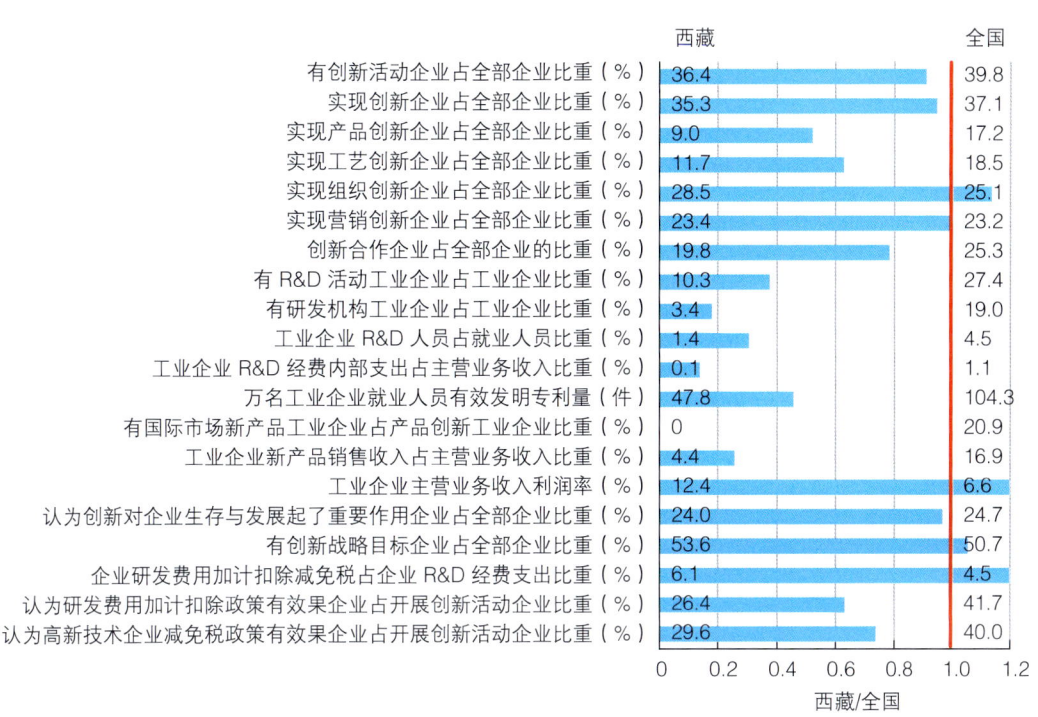

图5-51 西藏企业创新能力：与全国对比

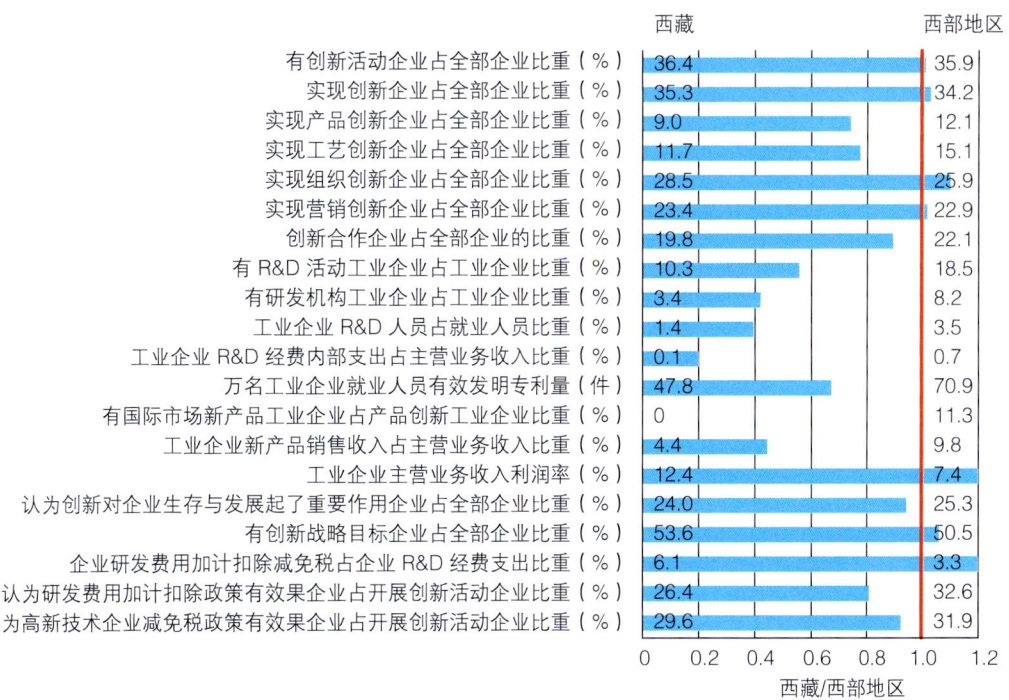

图5-52 西藏地区企业创新能力：与西部地区对比

27.陕西

陕西有 4 项指标高于全国平均水平，在企业利润率方面优势较为明显，为全国平均水平的 149.0%；相较而言，其在研发机构设置、新产品销售方面仍存在较大的上升空间，分别仅为全国平均水平的 37.7% 和 43.9%（图 5-53）。

陕西有 15 项指标高于西部地区平均水平，在企业利润率方面优势明显，达到地区平均水平的 133.2%；相较而言，其在新产品销售方面还存在较大的上升空间，为地区平均水平的 75.7%（图 5-54）。

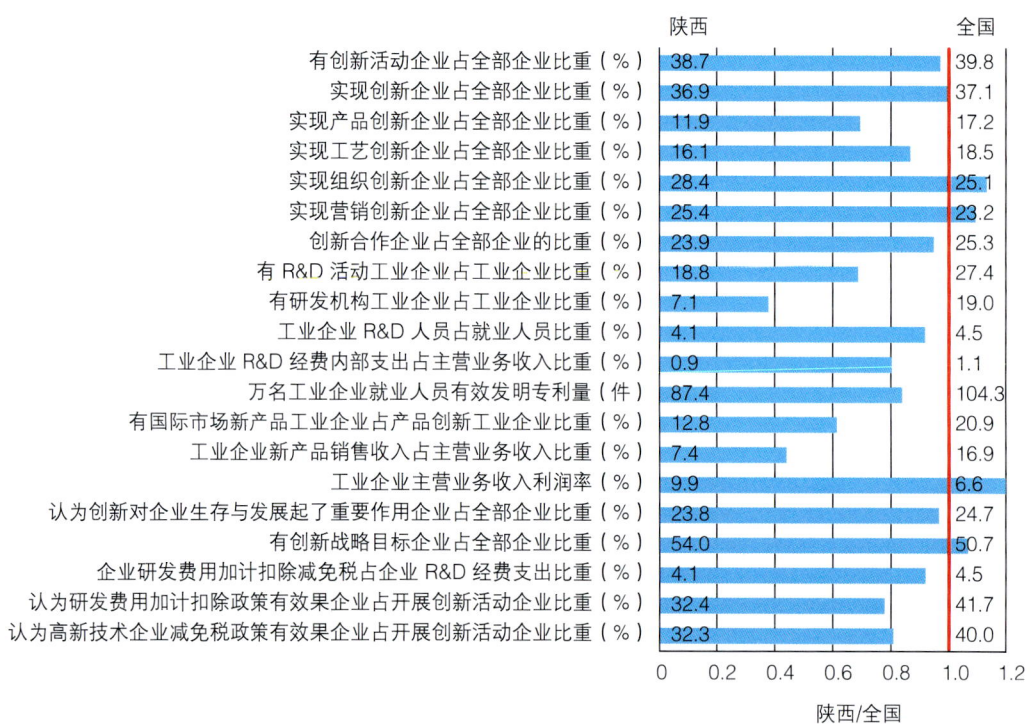

图5-53 陕西企业创新能力：与全国对比

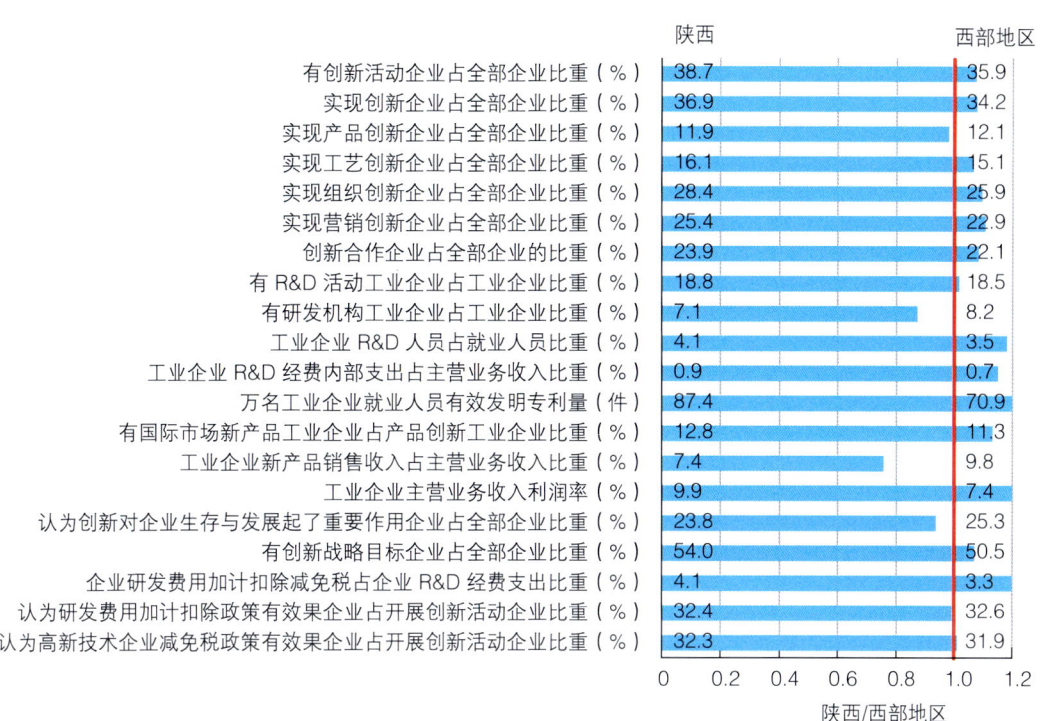

图5-54 陕西企业创新能力：与西部地区对比

28.甘肃

甘肃有3项指标高于全国平均水平，其在实现组织创新、创新战略目标设定方面具有优势，分别为全国平均水平的107.9%和104.3%；相较而言，其在新产品销售、企业利润率方面存在较大的上升空间，目前分别仅为全国平均水平的24.3%、43.9%（图5-55）。

甘肃有7项指标高于西部地区平均水平，其在R&D活动开展、创新战略目标设定方面优势明显，分别为地区平均水平的112.8%、103.9%；相较而言，其在企业利润率、新产品销售方面还存在较大的上升空间，分别仅为地区平均水平的39.2%、41.8%（图5-56）。

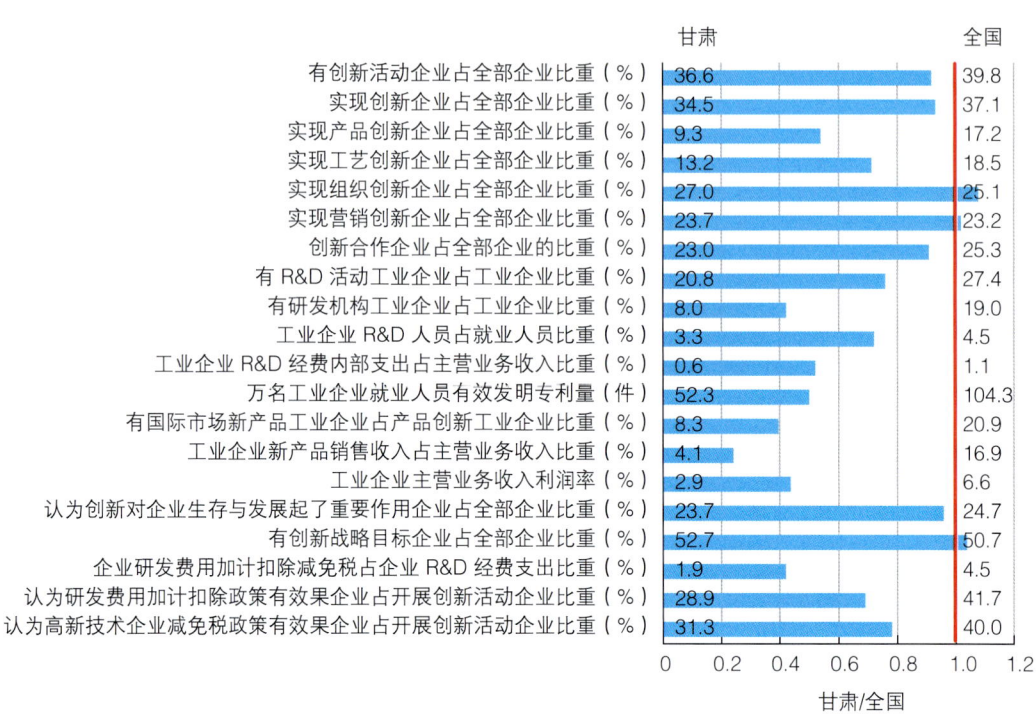

图5-55 甘肃企业创新能力：与全国对比

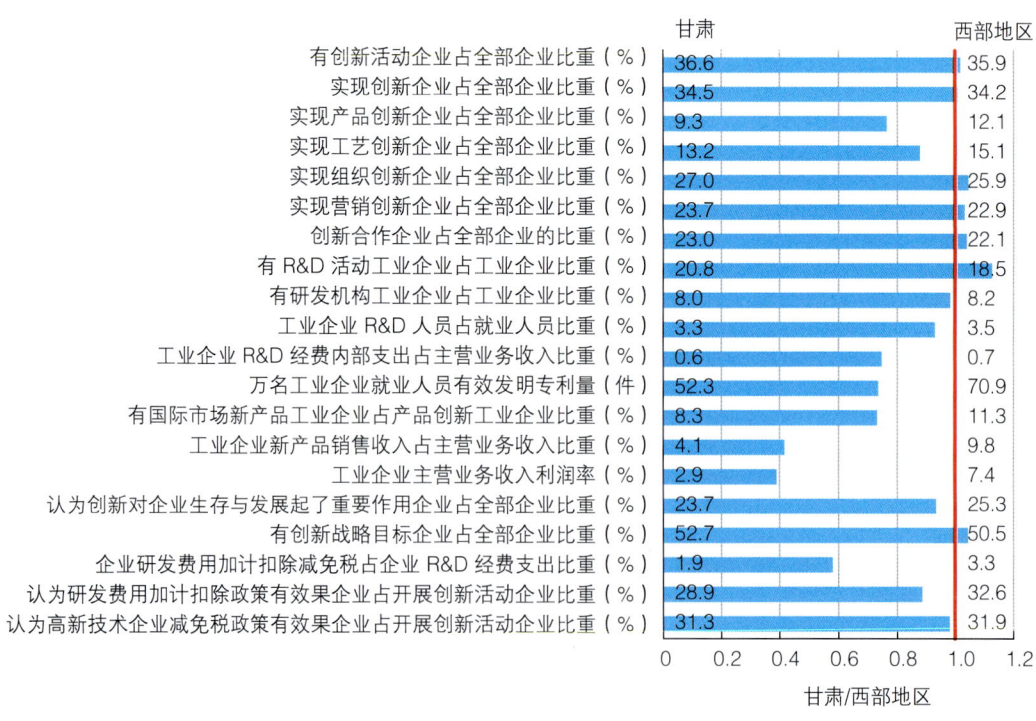

图5-56 甘肃企业创新能力：与西部地区对比

29.青海

青海所有指标均低于全国平均水平。其在有效发明专利量、新产品销售、R&D经费内部支出方面还存在较大的上升空间,目前分别仅为全国平均水平的20.6%、29.2%及37.8%(图5-57)。

青海有4项指标高于西部地区平均水平,其在企业研发费用加计扣除减免税方面优势明显,为地区平均水平的120.3%;相较而言,其在有效发明专利量、新产品销售及R&D经费内部支出方面还存在较大的上升空间,目前分别仅为地区平均水平的30.2%、50.3%及54.2%(图5-58)。

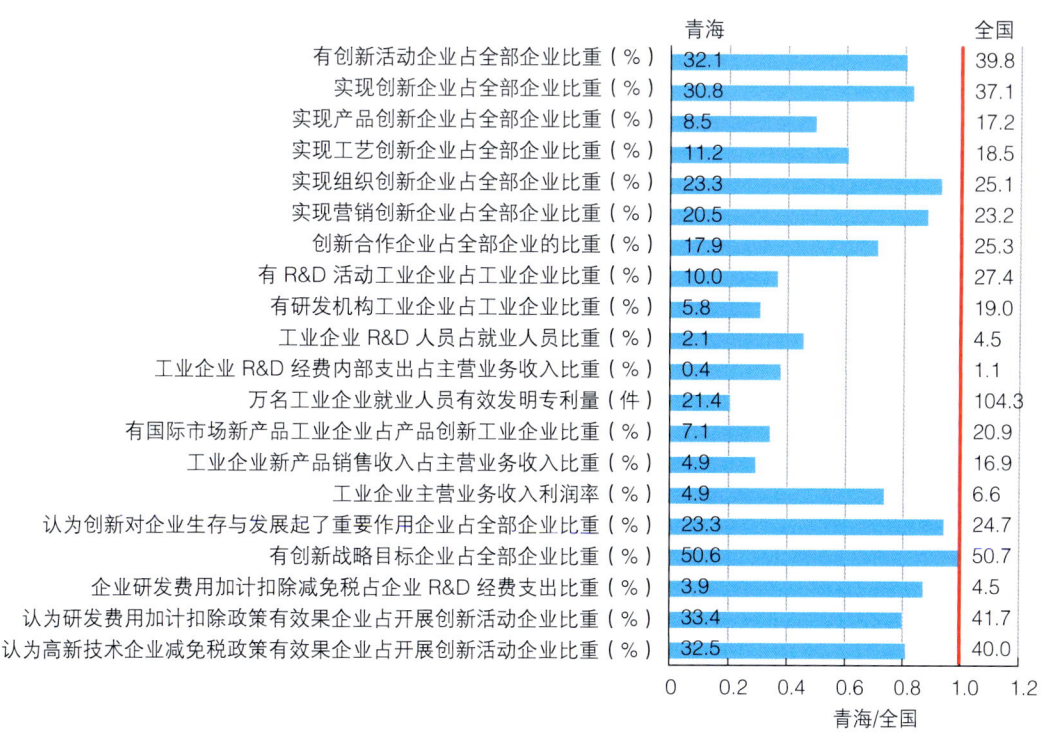

图5-57 青海企业创新能力:与全国对比

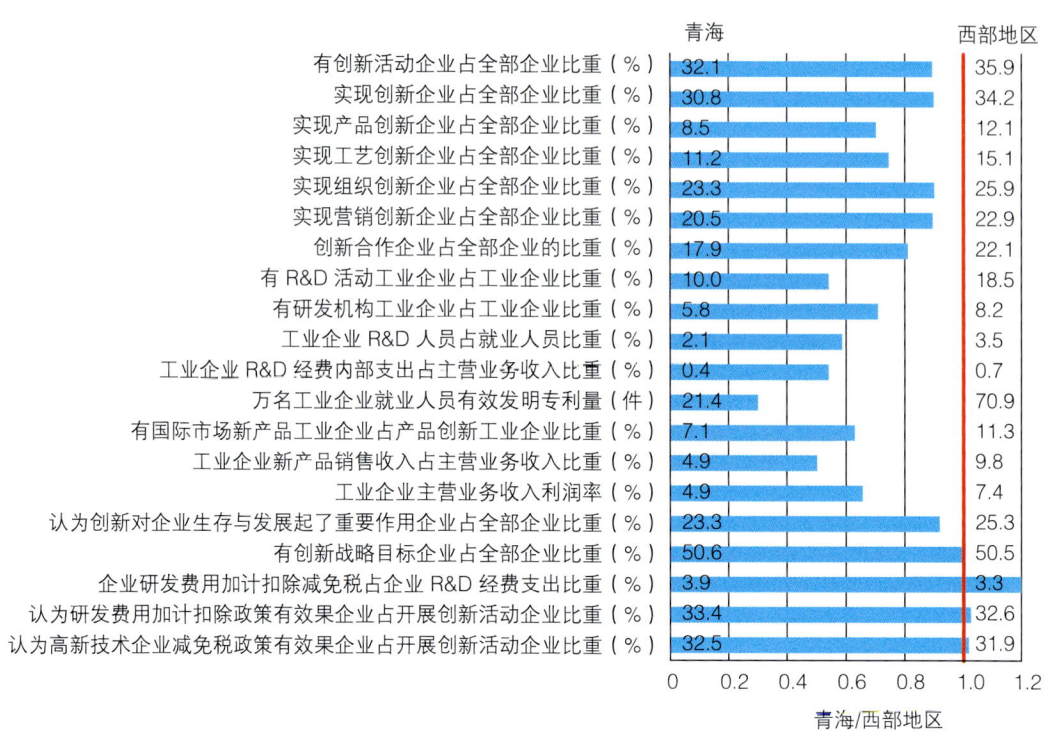

图5-58 青海企业创新能力：与西部地区对比

30.宁夏

宁夏有8项指标高于全国平均水平。其在创新重要性认知、创新战略目标设定及组织创新方面优势较为明显，分别为全国平均水平的116.1%、111.4%及117.8%；相较而言，其在新产品销售、有效发明专利量及工业企业主营业务收入利润率方面仍存在较大的发展潜力，目前仅分别为全国平均水平的48.8%、52.6%及54.3%（图5-59）。

宁夏有14项指标高于西部地区平均水平。其在研发机构设置、创新合作企业方面优势明显，分别达到地区平均水平的167.0%和125.1%；相较而言，其在企业利润率、新产品销售方面还存在较大的上升空间，目前分别为地区平均水平的48.5%和84.0%（图5-60）。

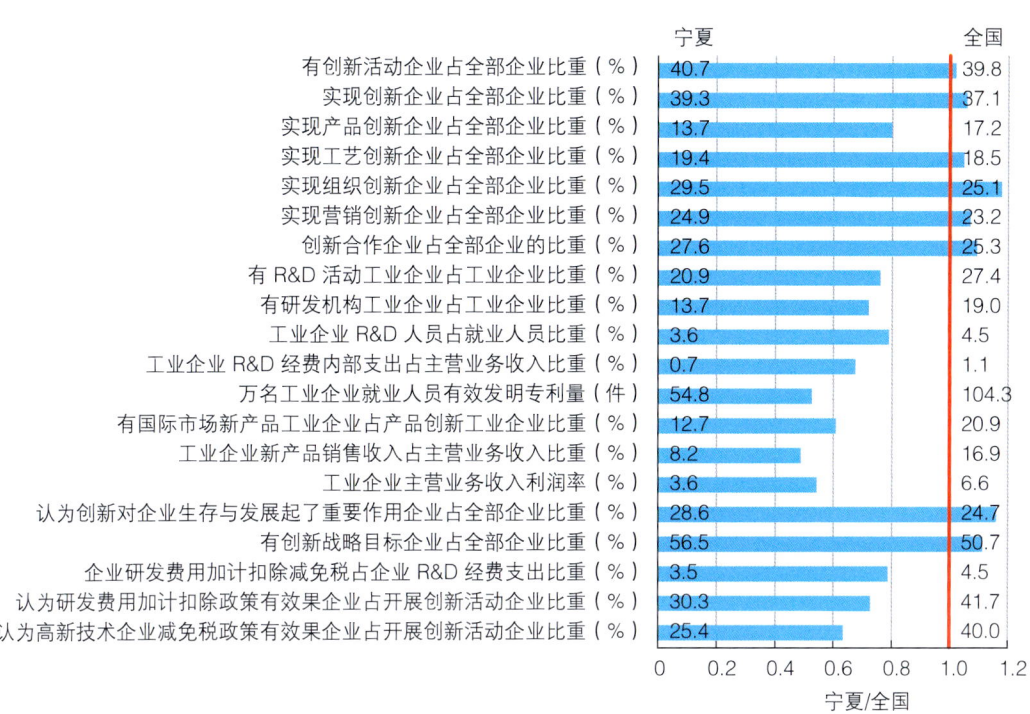

图5-59 宁夏企业创新能力：与全国对比

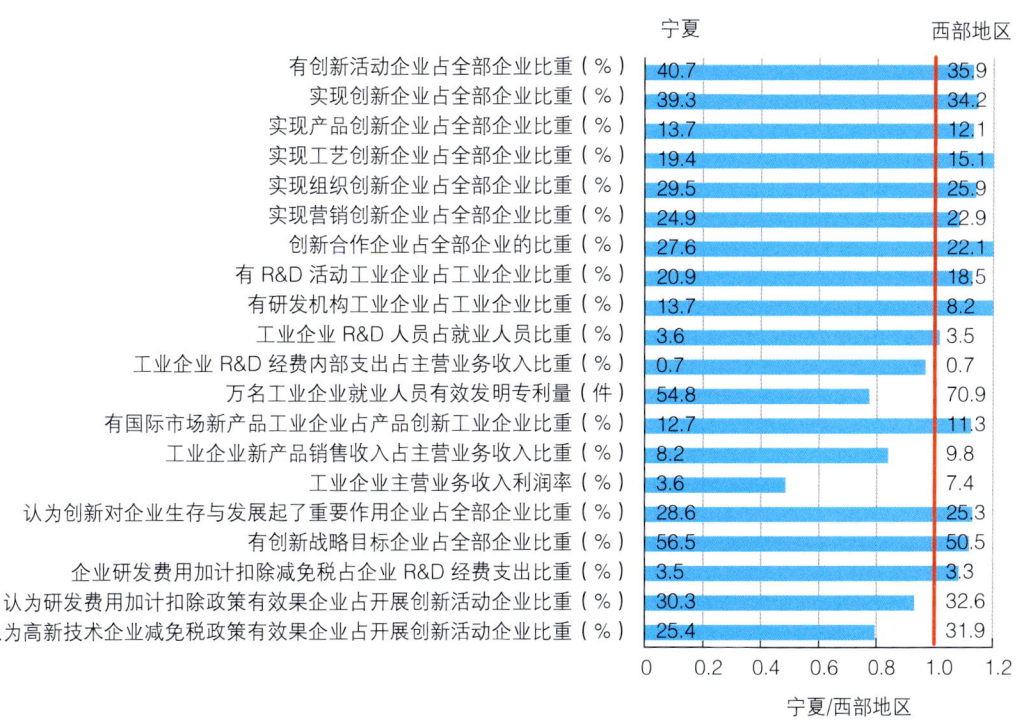

图5-60 宁夏企业创新能力：与西部地区对比

31.新疆

新疆有 1 项指标高于全国平均水平，其在主营业务收入利润率方面优势明显，达到全国平均水平的 112.3%；相较而言，其在研发机构设置和新产品销售收入方面具有较大的上升空间，目前分别仅为全国平均水平的 20.5%、23.9%（图 5-61）。

新疆有 1 项指标高于西部地区平均水平，其在研发费用加计扣除减免税比重方面优势明显，达到地区平均水平的 107.6%；相较而言，其在新产品销售收入、研发机构设置方面还存在较大的上升空间，目前分别仅为地区平均水平的 41.2、45.0%（图 5-62）。

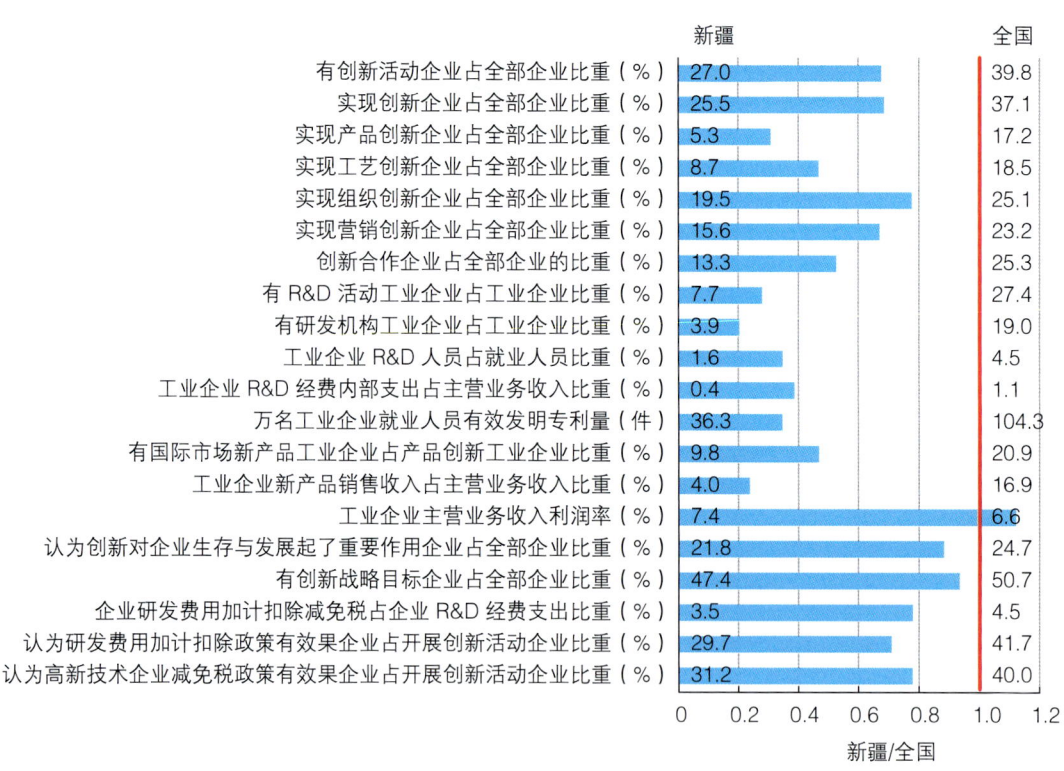

图 5-61 新疆企业创新能力：与全国对比

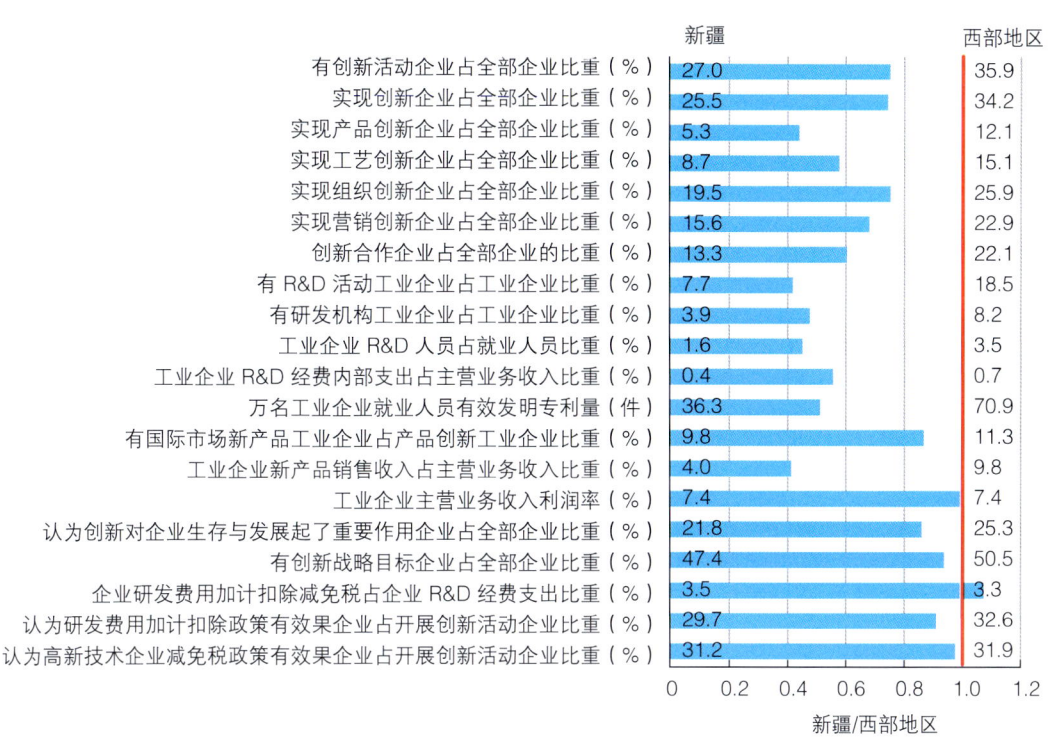

图5-62 新疆企业创新能力：与西部地区对比

总体来看，全国各省（区、市）间企业创新能力差异明显。超过全国平均值指标数十个以上的省（区、市）有8个。其中，2个省超过全国平均值的指标数达到18个；相比之下，部分省（区、市）超过全国平均值的指标数不足2个。

我国涌现一些全国范围的创新领先省（区、市）。江苏、广东超过全国平均水平的指标数均达到18个；浙江超过全国平均水平的指标数达到17个；北京、上海、安徽、湖北和重庆均有10个以上指标超过全国平均水平。

各个地区也出现了引领区域发展的创新领先省（区、市）。江苏和浙江超过东部地区平均水平的指标均为16个；安徽有19个指标超过中部地区平均水平；重庆有16个指标超过西部地区平均水平；辽宁有18个指标超过东北地区平均水平。

与2016年相比，2017年有些省（区、市）的创新能力指标波动较大。以全国平均水平为基准，指标数下降明显的省（区、市）有天津（5个）、河北（4个）和贵州

（4个）；指标数上升明显的省（区、市）有湖北（5个）、广东（5个）、山东（4个）和重庆（4个）。例如，以地区平均水平为基准，指标数下降明显的省（区、市）有天津（5个）、吉林（6个）和湖南（4个）；指标数提升明显的省（区、市）有辽宁（7个）和广东（6个），如表5-1所示。。

表5-1 各省（区、市）高于全国/地区平均水平的指标数量（2014—2017年）

省（区、市）	高于全国平均水平			高于地区平均水平			省（区、市）	高于全国平均水平			高于地区平均水平		
	2017年	2016年	2014年	2017年	2016年	2014年		2017年	2016年	2014年	2017年	2016年	2014年
北京	11	14	14	10	10	12	湖北	12	7	12	16	14	14
天津	7	12	18	6	11	16	湖南	9	9	9	10	14	13
河北	1	5	3	0	3	0	广东	18	13	15	14	8	11
山西	0	2	1	1	1	1	广西	2	3	1	2	4	1
内蒙古	1	1	1	3	3	4	海南	6	4	7	6	4	5
辽宁	4	5	3	18	11	10	重庆	11	7	4	16	15	11
吉林	2	2	3	3	9	6	四川	6	5	8	14	13	14
黑龙江	0	0	2	3	5	15	贵州	1	5	4	6	6	7
上海	14	13	12	12	10	8	云南	9	8	4	15	14	9
江苏	18	19	18	16	15	16	西藏	5	4	7	7	7	13
浙江	17	17	15	16	15	14	陕西	4	5	11	15	15	17
安徽	16	17	15	19	19	18	甘肃	3	2	3	7	5	10
福建	3	4	10	2	0	2	青海	0	3	3	4	6	5
江西	6	6	3	12	11	2	宁夏	8	7	4	14	13	8
山东	6	2	2	2	2	2	新疆	1	2	5	1	2	9
河南	3	1	4	1	1	1							